Stefan Malter

OneNote für Einsteiger

Praxis-Handbuch für *Microsoft OneNote*

November 2017

Der Blog zum Buch:

https://onenote-fuer-einsteiger.de

Deutsche Erstausgabe November 2017

ISBN-13: 978-1979735742
ISBN-10: 1979735743

Imprint: Independently published

Über dieses Buch – und mich

Herzlich willkommen! Ich begrüße Dich in meinem neuen Buch, das jetzt auch Dein neues Buch ist: *„OneNote für Einsteiger“* habe ich für Dich und alle Menschen geschrieben, die von den vielen Möglichkeiten der praktischen Notizbuch-Software profitieren wollen.

Du möchtest *Microsoft OneNote* von Grund auf kennenlernen und Deinen Alltag mit Hilfe des Programms besser organisieren? Dann bist Du in diesem Buch goldrichtig! Ich begleite Dich bei Deinen ersten Schritten mit *OneNote* und erkläre Dir die wichtigsten Funktionen des Programms so einfach wie möglich. Dazu gibt es jede Menge Praxis-Beispiele und sorgfältig ausgewählte Abbildungen.

Wir werden in diesem Buch eng zusammenarbeiten. Deshalb möchte ich Dir der Einfachheit halber das „Du“ anbieten und Dich persönlich ansprechen. Also: Ich bin Stefan, und ich freue mich auf eine produktive und lehrreiche Zeit mit Dir.

Ich nutze *OneNote* übrigens seit vielen Jahren selbst – beruflich als Journalist, Dozent und Medientrainer sowie privat für ganz unterschiedliche Aufgaben. Seit 2015 betreue ich das Blog-Projekt *„OneNote* für Lehrer“, das mehr als zehntausend Leser im Monat erreicht und ebenfalls als Buch erhältlich ist. Zudem wurde ich mehrfach als *Microsoft MVP* (*Most Valuable Professional*), *Microsoft Innovative Educator Expert* (*MIE Expert*) und *Microsoft Surface Expert* ausgezeichnet.

Auch dieses *OneNote*-Buch ist aus einem unabhängigen Blog-Projekt heraus entstanden. Die Ideen und Tipps helfen Dir hoffentlich dabei, Unterlagen und Notizen komplett digital zu verwalten und so Dein Leben zu vereinfachen. Meine Anregungen sind natürlich immer nur ein Angebot. Du entscheidest am Ende selbst, welche Ideen Du in Deinen Alltag integrieren möchtest. Vielleicht fallen Dir ja auch noch weitere Einsatzmöglichkeiten für *OneNote* ein.

Folge außerdem gerne der nettesten *OneNote*-Community Deutschlands in den Sozialen Netzwerken, damit Du keine Neuigkeiten und Praxis-Tipps verpasst!

@OneNoteDE bei *Facebook*, *Twitter* und *Instagram*

Inhaltsverzeichnis

Teil 1: Einführung in *OneNote*

Teil 2: Erste Schritte mit *OneNote*

Teil 3: Inhalte einfügen in *OneNote*

Teil 4: Mehr Funktionen in *OneNote*

Teil 1

Einführung in *OneNote*

Was ist *OneNote*?

Kaum zu glauben: *OneNote* ist eine Software, die Millionen Menschen auf der ganzen Welt längst auf ihrem Computer haben. Doch nur die wenigsten wissen das. *Microsoft OneNote* schlummert auf ihrem PC, Tablet oder Smartphone. Sie wissen nicht, dass dieses unscheinbare Programm ihr gesamtes Leben verändern könnte.

Auch Du kannst von *OneNote* in Alltag und Beruf profitieren. Deshalb will ich Dir im ersten Teil dieses Einsteiger-Buchs zuerst Antworten liefern: Was ist *OneNote*? Was kann *OneNote*? Wie funktioniert *OneNote*?

Schon seit 2003 ist *OneNote* fester Bestandteil von *Microsoft Office*. Zu dem bekannten Software-Paket gehören nützliche Programme wie *Microsoft Word* für Textverarbeitung, *Microsoft Excel* für Tabellenkalkulation, *Microsoft PowerPoint* für Präsentationen oder *Microsoft Outlook* für E-Mails, Kontakte und Kalender. Auch *OneNote* wird mit *Microsoft Office* installiert. Trotzdem schlummert es oft wie ein unentdeckter Software-Schatz auf den meisten Computern. Schuld daran ist sicher auch *Microsoft* selbst: *OneNote* wurde in den vergangenen Jahren kaum beworben und eher stiefmütterlich behandelt.

OneNote wird bekannter und beliebter

Mittlerweile steht *OneNote* sogar separat als kostenloser Download zur Verfügung – ohne das restliche *Office*-Paket. Außerdem gibt es eine kostenlose *OneNote*-App, die in *Windows 10* schon vorinstalliert ist und die alle wichtigen Funktionen bietet. Für *iPhone*, *iPad* und *Android*-Geräte gibt es die *OneNote*-App ebenfalls gratis im jeweiligen Store. *OneNote* profitiert zudem vom Siegeszug der Tablet-PCs mit Stiftbedienung sowie der Möglichkeit, digitale Notizbücher in der Cloud zu speichern und so auch online im Internet-Browser zu nutzen. Ich zeige Dir im Verlauf des Buchs, wie *OneNote* diese Möglichkeiten voll ausreizt.

Mit *OneNote* kann man also digitale Notizbücher erstellen. *OneNote* ersetzt gebundene Kalender, Hefte und jede Form von Zettelwirtschaft. Du sparst auf Dauer jede Menge Papier: Skizzen und handgeschriebene Notizen sind für das Programm kein Problem. Anders als ein „echtes" Büchlein kann ein digitales Notizbuch – dank Speichern in der Cloud – auch nicht so leicht verloren gehen.

Prinzipiell lassen sich nicht nur einfache Texte, sondern auch Grafiken, Bilder, Listen und Dokumente bequem einfügen und verwalten. Besser noch: In *OneNote* kannst Du verschiedenste multimediale Inhalte wie E-Mails, Audio-Aufnahmen, Videos, Webseiten und vieles mehr speichern. Du kannst auch Briefe oder abfotografierte Tafelbilder hinterlegen, genauso wie Ausschnitte von Landkarten und sonstige Bildschirmausschnitte. Wenn Du einen Zeitungsartikel oder eine Buchseite einscannst, erkennt *OneNote* den Text in dem Bild, so dass Du nach Wörtern und sonstigen Inhalten in dem Dokument suchen kannst. Mit geeignetem Computer-Zubehör kannst Du sogar handschriftliche Notizen und Zeichnungen erstellen – wie in einem Notizbuch aus Papier.

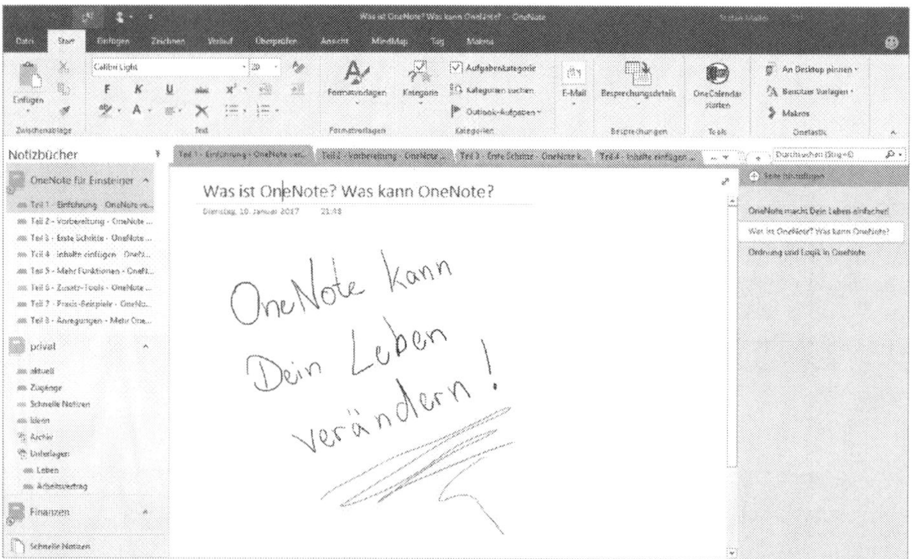

Abbildung 1: Programm-Oberfläche von OneNote 2016

Genial sind auch die Möglichkeiten der Zusammenarbeit: Alle Inhalte in Deinem digitalen Notizbuch kannst Du nach nur wenigen Klicks per Internet mit Freunden, Verwandten und Bekannten teilen. Wenn Du es willst, kannst Du mit ihnen gemeinsam an den Notizen und Einträgen arbeiten und so alle Beteiligten auf demselben Stand halten. Und: Alle digitalen Inhalte kannst Du am Ende natürlich auch wieder auf Papier ausdrucken oder gezielt in anderen Formaten abspeichern, zum Beispiel als PDF- oder *Word*-Datei. Flexibler geht's nicht!

Keine Angst vor *OneNote*!

Microsoft OneNote kommt der sogenannten „eierlegenden Wollmilchsau“ schon sehr nahe. Du wirst erstaunt sein, wie die Software Dich im Alltag bei vielen Aufgaben intuitiv unterstützen kann.

Wenn Du Dich von den vielen Funktionen überrumpelt fühlst, dann mach Dir jetzt bitte keine Sorgen: Wie das alles mit *OneNote* funktioniert, erkläre ich Dir Schritt für Schritt in diesem Buch. Du wirst sehen, wie einfach und schnell man die vielen Möglichkeiten in den Griff bekommen kann.

Im nächsten Kapitel werde ich Dir zunächst den grundsätzlichen Aufbau und die Logik in *Microsoft OneNote* erklären.

Aufbau von *OneNote*-Notizbüchern

Wie sind *OneNote*-Notizbücher aufgebaut? Um die Möglichkeiten des Programms gut zu verstehen, wollen wir uns im ersten Schritt mit der Grund-Logik und dem Aufbau von digitalen Notizbüchern in *Microsoft OneNote* beschäftigen. Das klingt trockener, als es in Wirklichkeit ist. Vertrau mir: Wenn Du das Prinzip erst einmal verstanden hast, kannst Du die Struktur in *OneNote* später viel besser an Deine persönlichen Bedürfnisse anpassen.

Dabei zeigt sich *OneNote* wirklich flexibel. Du kannst Deine digitalen Notizbücher mit den darin enthaltenen Abschnitten und Seiten jederzeit verändern, umbenennen und verschieben. Du kannst also Dein Ordnungssystem ständig an Deine persönlichen Anforderungen ausrichten, ohne dass Deine bestehende Informations-Sammlung verloren geht.

Ich habe es oben bereits erwähnt: In *OneNote* hantierst Du hauptsächlich mit Notizbüchern, Abschnitten und Seiten. Diese Elemente bringen Struktur in Deine Notizen und Unterlagen. Dabei orientiert sich *OneNote* auch bei der optischen Darstellung der Notizbücher daran, wie typische Aktenordner, Mappen oder Hängeregister in Büros aussehen.

Abbildung 2: Ordnungsmappe mit Trennseiten

Abbildung 3: geöffnete Ordnungsmappe mit Dokumenten

Schau Dir mal die typischen Ordnungsmappen auf den Abbildungen 2 und 3 an. Ich habe solche oder ähnliche Mappen über viele Jahre hinweg selbst privat und auch beruflich für die Organisation von Dokumenten und Unterlagen genutzt. Vor allem wegen der bunten Trenner im Inneren finde ich sie sehr praktisch. Ich kann die Trenner beliebig beschriften und mit ihrer Hilfe sämtliche Papiere und Unterlagen nach Themen und Kategorien einsortieren. So finde ich sie später immer wieder.

Genau dieses Ordnungsprinzip nutzt *Microsoft OneNote* bei seinen digitalen Notizbüchern. In der Abbildung auf der folgenden Seite siehst Du einen Screenshot der geöffneten *OneNote*-App für *Windows 10*. In der Spalte ganz links kannst Du erkennen, dass bereits mehrere digitale Notizbücher vorhanden sind. Rechts daneben erkennst Du die farbigen Trenner. Sie heißen in *OneNote „Abschnitte"*. Jeder einzelne dieser Notizbuch-Abschnitte kann wiederum beliebig viele Seiten mit Inhalten enthalten.

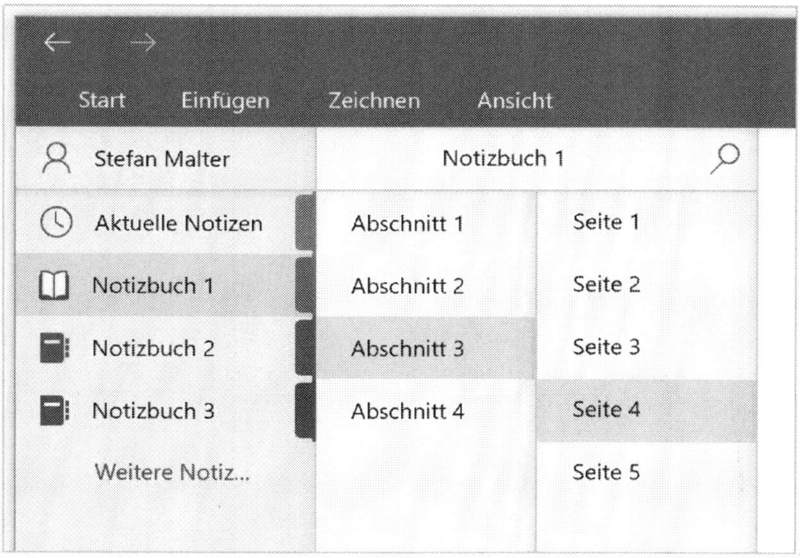

Abbildung 4: Notizbücher in der OneNote-App für Windows 10

Der Vorteil der Software-Lösung mit ihren digitalen Möglichkeiten im Vergleich zu herkömmlichen Ordnungsmappen aus dem Schreibwarenladen: Theoretisch kannst Du unendlich viele Notizbücher, Abschnitte und Seiten nutzen und musst dafür weder neue Mappen noch Papier nachkaufen. Außerdem sparst Du viel Platz in Deinem Büro oder Arbeitszimmer: Digitale Ordner verstopfen nämlich keine Regale – höchstens Deine Festplatte im PC, Deine Cloud im Internet oder einen anderen Speicherort.

Die weiteren Vor- und Nachteile der möglichen Speicherorte für *OneNote*-Notizbücher werde ich Dir im folgenden Kapitel ausführlich erklären.

OneNote-Notizbücher für jeden Zweck

Also: Für jeden übergeordneten Zweck in Deinem Job oder im Haushalt kannst Du in *OneNote* ein eigenes digitales Notizbuch anlegen, zum Beispiel für eingehende Rechnungen, wichtige Briefe oder diverse Versicherungsunterlagen. Dasselbe gilt für viele weitere Zwecke: ein Notizbuch für Deine aktuelle Urlaubsplanung, ein Notizbuch für gesammelte Kochrezepte oder ein Notizbuch für Deine Schul- und Arbeitszeugnisse.

Vielleicht hast Du Dir auf dem Computer schon eine ähnliche Ordnerstruktur für solche Dateien angelegt. Du wirst sehen: In *OneNote* hast Du alle Dokumente und Unterlagen viel schneller griffbereit. Die auf Deiner Festplatte verstreuten Dateien musst Du zum Beispiel mühselig einzeln öffnen und schließen. In *OneNote* kannst Du auf einen Schlag alle Notizbücher nach bestimmten Inhalten durchsuchen und bequem zwischen den Dokumenten hin und her blättern.

Die Beispiele in diesem Kapitel sollen Dir modellhaft zeigen, wie Du Notizbücher in *OneNote* für alltägliche Aufgaben nutzen könntest. Weitere Beispiele und Ideen für weitere Notizbücher werde ich Dir noch im Verlauf dieses Praxis-Handbuchs mit auf den Weg geben.

Schau Dir mal die folgenden Abbildungen an. So oder so ähnlich könnten Deine ersten Notizbücher für verschiedene Zwecke aussehen:

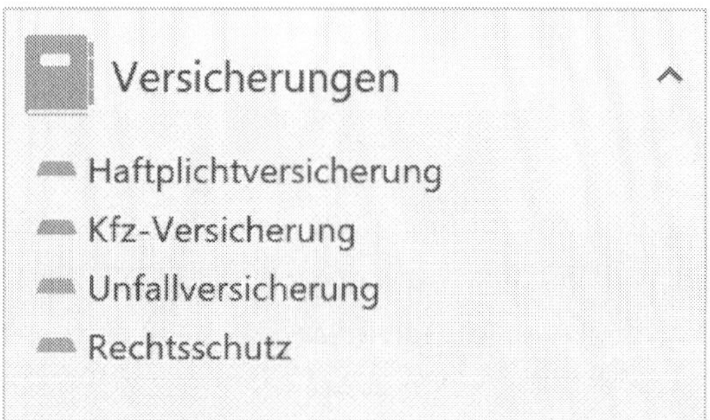

Abbildung 5: Beispiel-Notizbuch für Versicherungsunterlagen

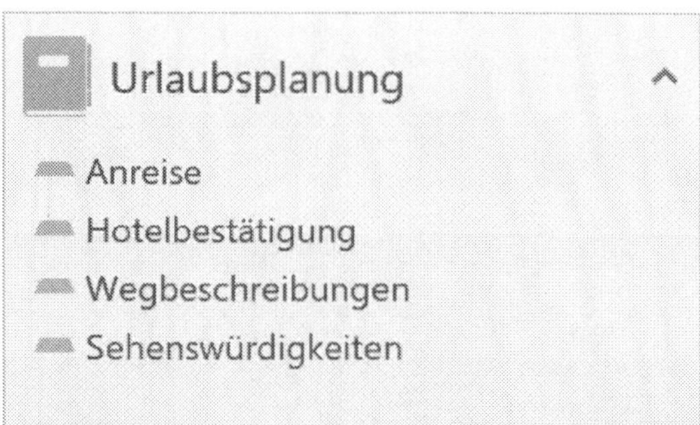

Abbildung 6: Beispiel-Notizbuch für die Urlaubsplanung

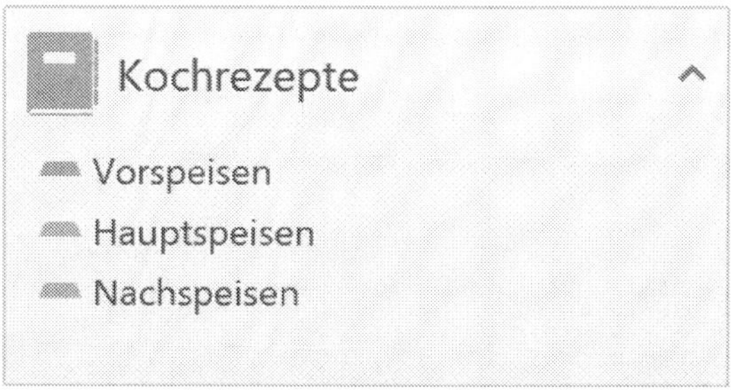

Abbildung 7: Beispiel-Notizbuch für gesammelte Kochrezepte

Wie Du siehst, kannst Du in jedem Notizbuch nach Belieben einzelne Abschnitte anlegen und benennen. Sie entsprechen den farbigen Trennblättern in einem realen Notizbuch. In einem Notizbuch für Schulzeugnisse könnten das zum Beispiel Abschnitte für die verschiedenen Jahrgangsstufen sein. In einem Notizbuch für Rechnungen könntest Du zum Beispiel Abschnitte für unterschiedliche Online-Shops, für Produkte wie Elektrogeräte oder für Dienstleistungen wie Handwerker-Reparaturen anlegen. Vielleicht willst Du die Rechnungen aber auch nach Jahren sortieren. Das kannst Du in *OneNote* frei entscheiden.

Die Farben der Notizbücher und Abschnitte kannst Du aus einer angebotenen Vorauswahl selbst festlegen – ganz nach Deinem persönlichen Geschmack. So behältst Du auch bei umfangreicheren Notiz-Sammlungen in *OneNote* jederzeit den Überblick.

Mehr Ebenen, mehr Struktur

Natürlich ist eine einfache Notizbuch-Struktur wie in den Abbildungen erst der Anfang. Die Beispiele sollen Dir zum besseren Verständnis dienen. Für manche Aufgaben brauchst Du vermutlich eine komplexere Struktur. Das ist in *OneNote* auch kein Problem: Du kannst die Hierarchie um weitere Ebenen ergänzen, zum Beispiel mit Abschnittsgruppen, die mehrere Abschnitte sinnvoll gruppieren.

Abbildung 8: mehr Ebenen mit Abschnittsgruppen

Auch die digitalen Seiten, die Du später innerhalb der Abschnitte anlegst, kannst Du auf mehreren Ebenen sortieren – ähnlich wie Du es vielleicht von Unter-Unterordnern in *Windows* kennst. Du kannst in *OneNote* schnell zwischen den einzelnen Abschnitten hin- und herspringen. Auch das wirst Du schon bald zu schätzen lernen.

Schon bald werde ich Dir in diesem Buch erklären, wie Du in *OneNote* Dein erstes eigenes Notizbuch selbst anlegst. Du wirst dann auch lernen, wie Du Deine eigenen Notizbücher mit Abschnitten erweitern kannst und die Inhalte strukturiert und sicher speicherst. Vorher muss ich Dir aber erklären, wo Du *OneNote*-Notizbücher speichern kannst – und welche bedeutenden Auswirkungen die Wahl des jeweiligen Speicherorts haben kann.

Speicherorte in *OneNote*

Ein *OneNote*-Notizbuch besteht also vorrangig aus Abschnitten und Seiten. Die Struktur habe ich Dir im vorherigen Kapitel erklärt. Mit Hilfe dieser Elemente entstehen mehrere Ebenen, ähnlich wie bei Datei-Ordnern auf Deiner Festplatte.

Der Vorteil in *OneNote*: Die Software speichert alle Elemente automatisch. Du musst Dich nicht um die Ordnungsstruktur kümmern und Dich auch nicht mit einzelnen Dateien herumschlagen. *OneNote* sorgt dafür, dass Deine Notizbücher korrekt verwaltet und in der jeweiligen Programm-Oberfläche übersichtlich dargestellt werden.

Eine wichtige Entscheidung musst Du aber treffen, wenn Du ein neues digitales Notizbuch erstellst: Wo willst Du Dein neues *OneNote*-Notizbuch speichern? Direkt auf Deinem PC? Vielleicht auf einer externen Festplatte? Oder auf einem fremden Server irgendwo im Internet, einer sogenannten „Cloud"?

Ich kann Dir diese Entscheidung hier nicht abnehmen. Ich möchte Dir aber zumindest die Vor- und Nachteile der unterschiedlichen Möglichkeiten aufzeigen. So kannst Du von Fall zu Fall entscheiden, welcher Speicherort für den jeweiligen Zweck sinnvoll ist.

OneNote-Notizbücher auf der Festplatte speichern

Ich vermute, dass Du bislang die meisten Dateien auf Deinem Computer speicherst. Wenn Du zum Beispiel mit *Microsoft Word* arbeitest und Briefe schreibst, speicherst Du diese sicher in einem bestimmten Ordner auf Deiner Festplatte. Auch *OneNote*-Notizbücher kannst Du in einem Ordner auf Deinem PC oder Deinem Tablet-Computer erstellen.

Vorteile:

- Du hast die volle Kontrolle über Deine auf der Festplatte gespeicherten Dateien. Nur wer auf Deinen Computer lokal zugreifen kann, kann die Notizbücher öffnen und bearbeiten.

- Du musst Dir weniger Sorgen um den Datenschutz machen, wenn Du Informationen nur intern auf Deiner Festplatte speicherst.

Nachteile:

- Du kannst Notizbücher auf der Festplatte in der Regel nur auf diesem einen Computer nutzen. Du kannst sie nicht ohne Weiteres auf Deinem Smartphone bzw. einem Tablet-PC bearbeiten oder sie per Internet für Freunde und Bekannte freigeben.

- Du musst daran denken, regelmäßig Sicherheitskopien Deiner Notizbücher auf ein externes Speichermedium zu machen, also sogenannte „Backups". Sollte Deine Festplatte einmal defekt sein, können im schlimmsten Fall Deine kompletten Dokumente verloren gehen – so wie übrigens alle anderen Dateien auf Deinem Computer.

Neue Notizbücher legt *OneNote* in der Regel in einem festgelegten Standard-Ordner an. In der Voreinstellung ist das ein Festplatten-Pfad auf dem Laufwerk *C:*, z. B. *C:\Benutzer\Name\Dokumente\OneNote-Notizbücher*

Natürlich kannst Du neue Notizbücher auch auf einer externen Festplatte, einem USB-Stick oder einer Netzwerkfestplatte (*NAS*) speichern. Dann gelten dieselben Vor- und Nachteile wie oben beschrieben.

Die folgende Lösung finde ich persönlich noch viel praktischer:

OneNote-Notizbücher auf *Microsoft OneDrive* speichern

Microsoft bietet seit einigen Jahren eine eigene Cloud-Lösung an, also einen digitalen Speicherort im Internet. Die Cloud ist ein virtueller Online-Ordner, in dem Du Deine Dateien zentral ablegst. Von dort aus werden die Dateien bei Bedarf auf alle verfügbaren Geräte verteilt, also mit den Geräten synchronisiert. So wird der Datei-Ordner quasi auf Deinem PC, Deinem Laptop, Deinem Tablet und Deinem Smartphone ständig abgeglichen und jede Datei auf jedem Gerät automatisch aktuell gehalten.

Abbildung 9: Das Prinzip einer Cloud im Internet

Die Cloud-Lösung von *Microsoft* heißt *OneDrive* (früher: *SkyDrive*). *OneDrive* ist mittlerweile in *Windows 10* und fast alle *Office*-Programmen fest integriert. Du kannst also *Word-*, *Excel-* oder *PowerPoint*-Dateien direkt und ohne Umweg in der Cloud speichern und von dort aus öffnen. Auch das Zusammenspiel zwischen *OneNote* und *OneDrive* funktioniert nahezu perfekt.

✓ Internet-Link zu *OneDrive*: **https://onedrive.com**

Vorteile:

- automatische Synchronisierung auf allen Geräten wie PC, Laptop, Tablet-Computer oder Smartphone
- automatisches Online-Backup auf eher sicheren Servern
- weltweiter Zugriff auf Deine *OneNote*-Notizbücher über eine Online-Plattform, die in jedem Internet-Browser funktioniert
- 5 GB Speicherplatz kostenlos für jeden *OneDrive*-Nutzer. Das sollte für die meisten Zwecke im Alltag vollkommen ausreichen. (Zusätzlichen Speicherplatz kannst Du bei Bedarf kostenpflichtig zubuchen.)

Nachteile:

- Für die Anmeldung bei *OneDrive* ist ein *Microsoft*-Konto notwendig
- US-amerikanische Server unterliegen nicht den deutschen / europäischen Datenschutzbestimmungen. Persönliche Informationen und sensible Daten gehören also nicht in die Cloud. Im schlimmsten Fall und ohne zusätzliche Verschlüsselung können sich Fremde Zugriff auf Deine Notizbücher verschaffen.

Übrigens: Wenn Du Deine Notizbücher in der Cloud speicherst, musst Du deshalb nicht ständig online sein. Dank der Synchronisierung auf Deine Geräte kannst Du Deine Notizbücher auch offline bearbeiten, zum Beispiel wenn Du unterwegs und gerade nicht in einem WLAN- oder Mobilfunk-Netzwerk bist. Sobald Du wieder eine Internetverbindung hast, gleicht *OneNote* die Änderungen mit der Cloud ab.

Beispiel:

Du kannst an Deinem PC zu Hause einen Text schreiben oder etwas korrigieren. Die Änderungen in Deinem Notizbuch erkennt *OneNote* automatisch und synchronisiert sie online mit der Version in der Cloud. Wenn Du später das Notizbuch auf Deinem Laptop, Tablet-PC oder Smartphone öffnest (und wieder mit dem Internet verbunden bist), werden alle zwischenzeitlich gemachten Änderungen auch dort übernommen. Du musst also keine Datei-Versionen mehr per USB-Stick hin und her kopieren.

OneNote-Notizbücher bei anderen Cloud-Anbietern speichern

Theoretisch kannst Du OneNote-Notizbücher auch bei einem anderen Cloud-Anbieter ablegen. Die wohl bekanntesten Plattformen sind *Dropbox* und *Google Drive*. Auch Firmen wie die *Telekom, Amazon, 1&1* und *Strato* bieten Online-Speicher zu verschiedenen Konditionen an. Vielleicht bist Du dort sogar schon Kunde und zahlst bereits für Speichervolumen in der Cloud.

Ich möchte Dir von dieser Variante dringend abraten! In vielen Internet-Foren berichten Nutzer von schlechten Erfahrungen: Die Synchronisierung in *OneNote* soll bei fremden Cloud-Anbietern manchmal zu Problemen führen. Die Gefahr ist daher viel zu groß, dass das Speichern nicht reibungslos klappt und Du im schlimmsten Fall wichtige Daten verlierst.

OneNote-Notizbücher auf *SharePoint* speichern

Diese dritte Variante kommt weniger für Privatpersonen in Frage, sondern eher für mittlere und größere Unternehmen sowie Bildungseinrichtungen in Frage, die einen sogenannten *SharePoint*-Server betreiben bzw. *Office 365* nutzen. *SharePoint* ist eine Plattform für verschiedene *Office*-Dienste von *Microsoft*. Firmen können so quasi – vereinfacht erklärt – für ihre Mitarbeiter einen eigenen Speicherort im internen Netzwerk anbieten.

Für Privatpersonen spielt diese Form von Speicherort in der Regel keine Rolle. Ich werde sie deshalb in diesem Buch vernachlässigen.

Persönliche Empfehlung und Datenschutz-Hinweis

Mein Einsteiger-Buch soll Dir Lust auf *OneNote* und die Möglichkeiten der digitalen Technologien machen. Bei aller Spielfreude dürfen wir in Deutschland aber die Aspekte Datenschutz und Datensicherheit nicht ganz ausklammern. Ich möchte Dich für dieses Thema hier zumindest kurz sensibilisieren.

Denke bitte immer daran: Sensible Unterlagen wie Kreditkarten-Daten, geheime Passwörter sowie allzu persönliche Informationen gehören grundsätzlich nicht auf fremde Server!

Darüber hinaus sind Deine digitalen Notizbücher auf *OneDrive* aber wohl am besten aufgehoben. Erst im Zusammenspiel mit der *Microsoft*-Cloud kann *OneNote* seine vielen Stärken voll ausspielen. Ich habe die meisten Notizbücher selbst auch dort gespeichert, damit ich sie flexibel auf allen Geräten und an jedem Ort nutzen kann. Natürlich bin ich dabei vorsichtig und wähle sorgfältig aus, was ich in der Cloud speichere – und welche Informationen ganz bewusst nicht.

OneNote-Versionen im Vergleich

Microsoft möchte *OneNote* für alle wichtigen Geräte anbieten. Nur so haben Benutzer von überall aus Zugriff auf ihre digitalen Notizen. Doch die Vielzahl der Apps und die Vielfalt der Betriebssysteme mit jeweils eigenen Besonderheiten kann vor allem Einsteiger verwirren. Auch erfahrene Nutzer fragen sich oft, welche *OneNote*-Version sie nun für welchen Zweck nutzen sollten.

Nach Möglichkeit gehe ich in diesem Praxis-Handbuch auf die Unterschiede zwischen den verschiedenen Versionen ein. Du solltest darauf gefasst sein, dass einzelne Funktionen nicht in allen Programm-Varianten verfügbar sind. *OneNote* wird aber kontinuierlich weiterentwickelt und vereinheitlicht.

In diesem Kapitel verschaffen wir uns zunächst einen allgemeinen Überblick über alle verfügbaren Möglichkeiten, um *OneNote* auf Deinem PC, *Mac*, Tablet und Smartphone zu nutzen: Welche Versionen gibt es? Welche Version hast Du vielleicht schon auf Deinem Computer installiert? Für welche Betriebssysteme ist *OneNote* verfügbar? Worin unterscheiden sich die diversen *OneNote*-Apps?

OneNote für *Windows*

Windows ist das populärste Betriebssystem der Welt. Ich gehe davon aus, dass die meisten Computer-Nutzer und damit Leser dieses Buchs mit *Windows* arbeiten. Für *Windows* gibt es verschiedene Möglichkeiten, *OneNote* einzusetzen.

OneNote*-App für *Windows 10

Die *OneNote*-App gibt es seit *Windows 8* als Gratis-Download im *Windows Store*. Seitdem stecken die *Microsoft*-Entwickler viel Arbeit in die Verbesserung und fügen immer wieder neue Funktionen hinzu.

Unter *Windows 10* ist die *OneNote*-App schon vorinstalliert. Sie lässt sich auch nicht ohne Weiteres vom Gerät entfernen. Du hast das *OneNote*-Symbol vielleicht schon als lila-farbene Kachel im neuen Startmenü entdeckt. Sie ist nur mit dem Titel *„OneNote“* beschriftet – anders als bei den Desktop-Versionen (s. u.).

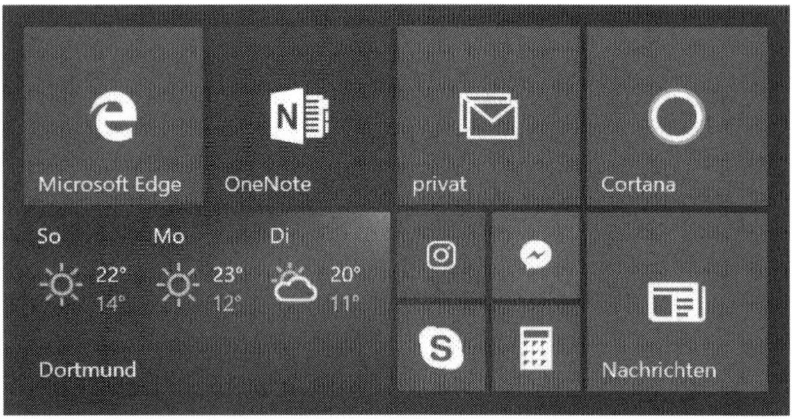

Abbildung 10: OneNote-Kachel im Startmenü von Windows 10

Die *OneNote*-App ist für Touch- und Stiftbedienung optimiert. Das heißt: Alle Bedienfelder sind so groß gehalten, dass man sie mit dem Finger oder mit dem Stift problemlos treffen kann. Deshalb ist die *OneNote*-App auch auf Tablet-PCs wie dem *Microsoft Surface* gut zu bedienen.

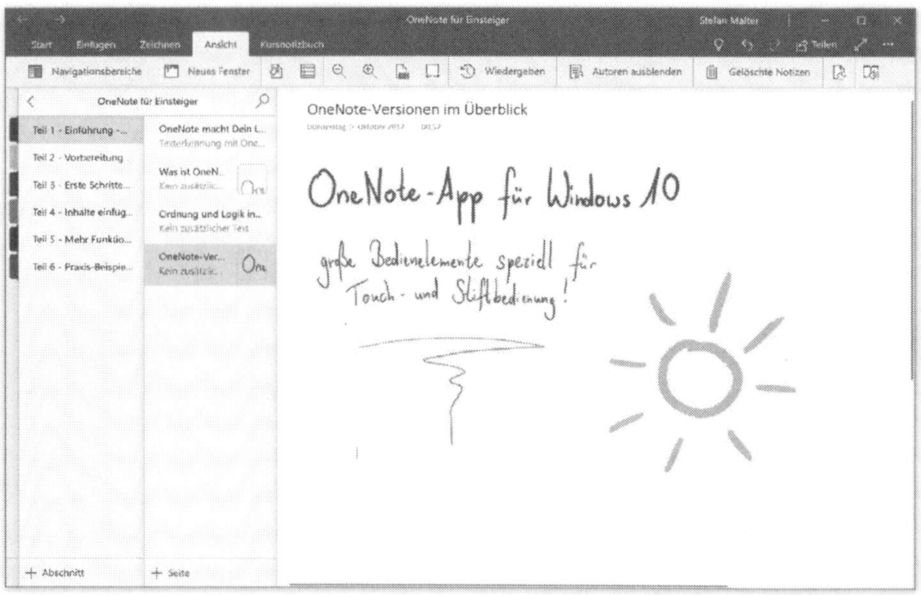

Abbildung 11: OneNote-App für Windows 10

OneNote 2016 für *Windows*

Die meisten PC-Nutzer wissen gar nicht, dass *OneNote 2016* längst auf ihrem Computer schlummert. Das Programm wird in der Regel mit *Office 2016* bzw. *Office 365* installiert. *OneNote* ist schon seit 2003 Teil von *Microsoft Office*, dem bekannten Software-Paket für Büroaufgaben. Während *Outlook*, *Word*, *Excel* oder *PowerPoint* schon seit vielen Jahren etabliert sind, gewinnt *OneNote* erst neuerdings immer mehr Fans für sich.

Die *Office*-Version für den Desktop gilt als die umfangreichste und damit mächtigste *OneNote*-Variante. Sie enthält nahezu alle Funktionen für die professionelle Arbeit mit digitalen Notizbüchern. Auch wenn die Entwickler aktuell den Schwerpunkt auf die *OneNote*-App legen: *OneNote 2016* ist für mich privat und beruflich immer noch die bevorzugte Version. Vor allem die umfangreiche Menü-Leiste oben sowie die optische Darstellung der Abschnitte als Registerkarten finde ich logischer und zugänglicher.

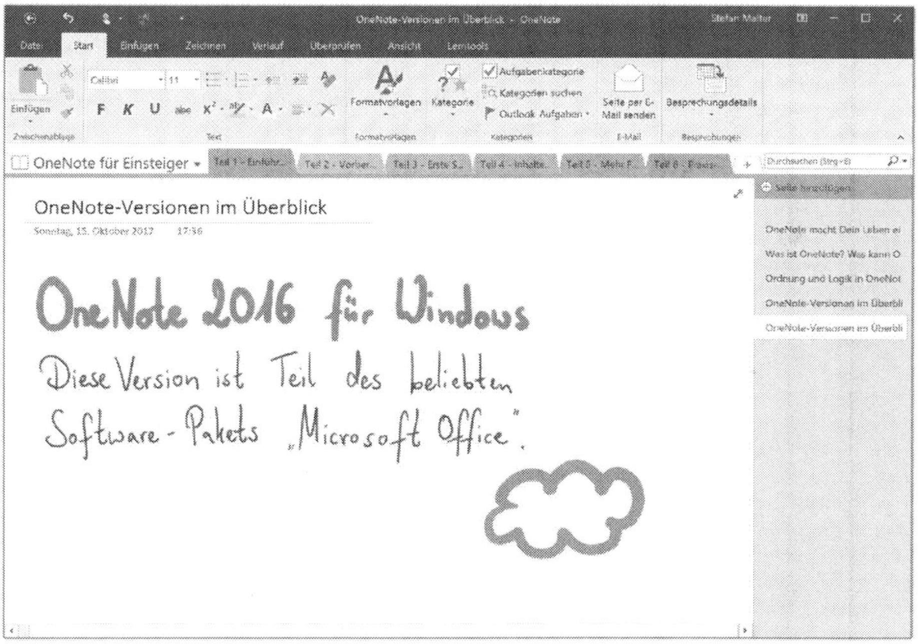

Abbildung 12: OneNote 2016 für Windows

Office 2016 und die Abo-Variante *Office 365* sind prinzipiell kostenpflichtig. *Microsoft* stellt *OneNote 2016* aber auch separat als Gratis-Download zur Verfügung – in leicht abgespeckter Form. Damit kannst Du z. B. ausschließlich Notizbücher in der Cloud nutzen. Zudem musst Du auf die Zusammenarbeit mit den anderen *Office*-Programmen wie *Outlook* und *Word* verzichten.

✓ Gratis-Download von *OneNote 2016*: **https://www.onenote.com**

Die Installation von *OneNote 2016* auf einem *Windows*-PC ist ganz einfach und selbsterklärend. Eine Kurz-Anleitung findest Du in meinem Einsteiger-Blog.

✓ Blog *„OneNote für Einsteiger"*: **https://onenote-fuer-einsteiger.de**

Ob Du *OneNote 2016* vielleicht schon auf dem Computer hast, verrät Dir vorab das Startmenü. Drücke die *Windows*-Taste und tippe *„onenote"* auf der Tastatur ein.

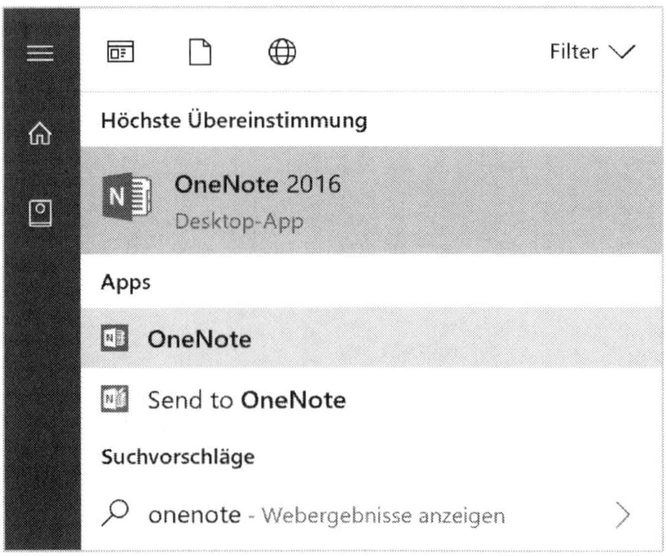

Abbildung 13: OneNote 2016 im Startmenü von Windows 10

Du erkennst die Desktop-Variante an der Jahreszahl im Titel, also hier in der Abbildung *„OneNote 2016"*. Der Eintrag *„OneNote"* ohne Zusatz steht dagegen für die oben erwähnte *OneNote*-App für *Windows 10* (s. o.).

OneNote für *OS X* (*Mac*)

Microsoft bietet seine *Office*-Programme auch für *Apple*-Rechner an. Seit 2014 ist *OneNote* deshalb auch für den *Mac* erhältlich. Die aktuelle Version für *OS X* gibt es als kostenlosen Download im *Mac App Store*.

Wie in der abgespeckten Gratis-Variante für *Windows* kann *OneNote* für *OS X* bislang auch nur mit Notizbüchern in der Cloud umgehen. Lokal gespeicherte Notizbücher auf dem Computer oder auf der Netzwerk-Festplatte bleiben der vollständigen Desktop-Version für *Windows* vorbehalten. *Mac*-User beklagen sich im Internet über das Fehlen weiterer Funktionen, aber unterm Strich ist *OneNote* für *OS X* natürlich voll einsatzfähig.

OneNote für Smartphone und Tablet

Deine digitalen Notizbücher sollen möglichst überall und jederzeit verfügbar sein – egal an welchem Ort und auf welchem Gerät. Dieses Konzept geht nur dank der *OneNote*-Apps auf, die mittlerweile für die wichtigsten mobilen Betriebssysteme entwickelt wurden und allesamt kostenlos sind.

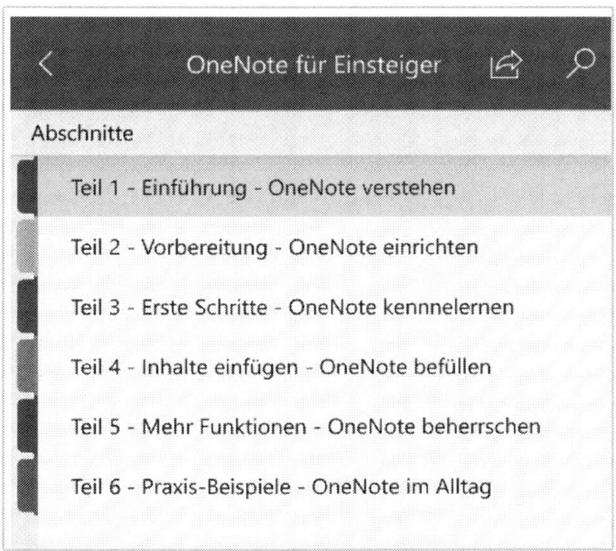

Abbildung 14: OneNote auf dem Smartphone

OneNote-App für *Android*

Android ist das mobile Betriebssystem von *Google* und weltweit der absolute Marktführer. Kein Wunder, dass *Microsoft* seine Dienste auch dafür anbietet. Die *OneNote*-App funktioniert auf *Android*-Smartphones und *Android*-Tablets. Sie hat sich mittlerweile der App für *Windows 10* sehr angenähert – optisch und funktional.

Gleichzeitig fällt *OneNote* hier mit speziellen Features auf, die die Entwickler nur in der *Android*-Version eingebaut haben. Dazu gehört zum Beispiel der *„OneNote-*Badge". Dieses kleine Symbol klinkt sich in andere Apps ein, um von dort aus mit *OneNote* interagieren zu können.

„OneNote für Android" kann kostenlos per Smartphone oder Tablet aus dem *Google Play Store* heruntergeladen werden.

OneNote-App für *iOS*

Auch auf dem *iPhone*, dem *iPad* und – mit zahlreichen Einschränkungen – auf der *Apple Watch* musst Du nicht auf *OneNote* verzichten. Auch hier versucht *Microsoft*, auf ein durchgängig einheitliches Erscheinungsbild zu setzen – bis auf die für *iOS* typische Anordnung von Icons und Funktionselementen. Darüber hinaus geben sich die Entwickler viel Mühe, beliebte Optionen wie die Handschrift-Erkennung auch für *Apple*-Kunden in die entsprechenden *OneNote*-Versionen zu integrieren.

Der Download läuft – wie bei *iPhone* und *iPad* üblich – über den *App Store* bzw. über *iTunes*. Bitte beachte, dass Du auch mit dieser App nur *OneNote*-Notizbücher nutzen kannst, die in der Cloud gespeichert sind.

OneNote-App für *Windows 10 Mobile*

Der Vollständigkeit halber möchte ich hier das mobile Betriebssystem von Microsoft nicht unterschlagen. Auf *Windows Phones* bzw. Smartphones mit *Windows 10 Mobile* ist *OneNote* vorinstalliert und lässt sich nicht entfernen. Aus technischer Sicht entspricht diese Version der *OneNote*-App für *Windows 10*. Sie passt sich je nach Ansicht an den Handy-Bildschirm an.

Auch wenn Smartphones mit *Windows 10 Mobile* auf dem Markt kaum noch eine Rolle spielen und offenbar nicht weiterentwickelt werden: Die *OneNote*-App erhält aktuell noch regelmäßig Updates und funktioniert nahezu reibungslos.

OneNote Online

Zuletzt möchte ich Dir noch *OneNote Online* vorstellen. Dank *OneNote Online* kannst Du per Internet-Browser auf Deine digitalen Notizbücher zugreifen – sofern sie in der Cloud gespeichert sind. Melde Dich dafür mit Deinem *Microsoft*-Konto auf der offiziellen Webseite an und öffne dann eines Deiner dort verfügbaren Notizbücher.

- ✓ *OneNote Online*: **https://www.onenote.com**

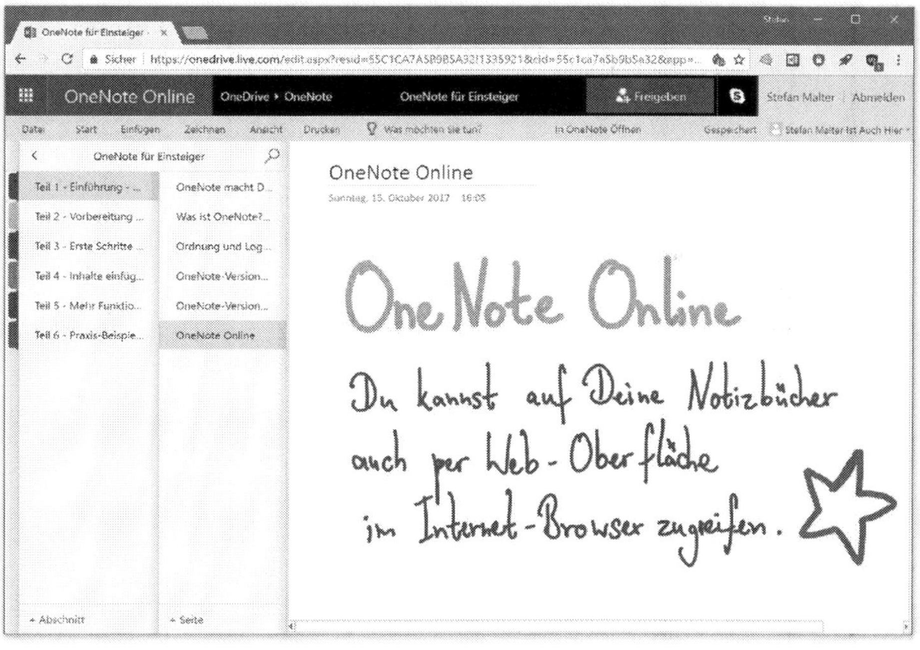

Abbildung 15: OneNote Online im Internet-Browser

Das Erscheinungsbild der Web-Oberfläche gleicht im Großen und Ganzen den *OneNote*-Apps. Auch die Funktionen zum Einfügen und Bearbeiten von Inhalten sind größtenteils dort, wo Du sie in den anderen *OneNote*-Versionen findest. Du wirst Dich also schnell zurechtfinden.

Die Online-Oberfläche kommt vorrangig zum Einsatz, wenn kein Gerät mit einer installierten *OneNote*-Version zur Verfügung steht. Mit ihr kannst Du auch auf Deine digitalen Notizen zugreifen, wenn Du an einem fremden Computer sitzt, zum Beispiel auf der Arbeit, an der Uni, bei Freunden oder im Urlaub am Hotel-PC.

Bitte vergiss nicht, Dich nach dem Online-Zugriff an einem fremden Computer wieder aus Deinem Benutzerkonto auszuloggen! Du solltest auch darauf verzichten, Dein Passwort im Browser zu speichern.

Und: *OneNote Online* kann auch eine Alternative für *Linux*-User sein. Für *Linux* und sonstige Betriebssysteme bietet Microsoft nämlich bis heute (noch?) keine *OneNote*-App an.

Teil 2

Erste Schritte mit *OneNote*

OneNote starten und einrichten

Ich gehe davon aus, dass Du *OneNote* auf Deinem Computer installiert hast. In diesem Kapitel zeige ich Dir, wie Du das Programm beim ersten Start sinnvoll einrichtest – egal ob Du die umfangreiche *Office*-Version *OneNote 2016* oder die *OneNote*-App auf Deinem Gerät nutzt.

Erste Schritte mit *OneNote 2016*

Wie alle Programme auf Deinem *Windows*-PC solltest Du auch *OneNote 2016* im Startmenü finden. Voraussetzung dafür ist natürlich, dass Du die Desktop-Variante installiert hast. (Das gilt auch für die Vorgänger-Version *OneNote 2013*.)

So geht das Öffnen am schnellsten: Drücke die *Windows*-Taste auf Deiner Tastatur – meist links in der untersten Tastenreihe. Sobald sich das Startmenü öffnet, tippst Du einfach *„onenote“* ein. Nun siehst Du alle vorhandenen Einträge in einer Liste.

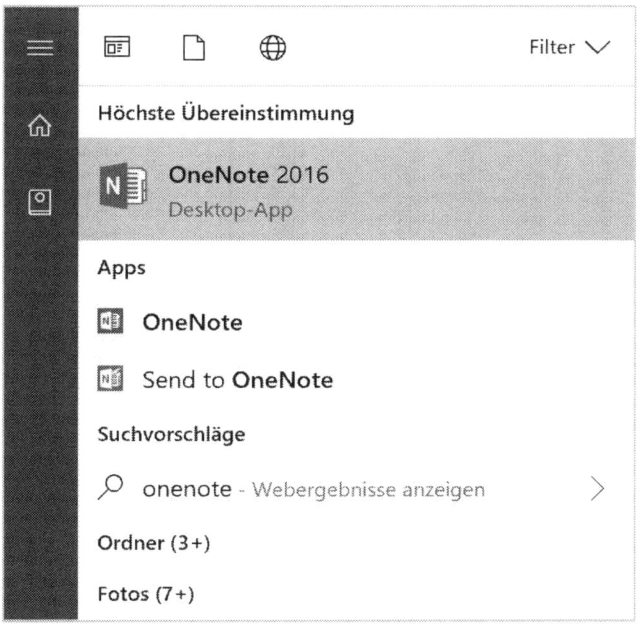

Abbildung 16: OneNote 2016 im Startmenü von Windows 10

Wir ignorieren vorerst die vorinstallierte *OneNote*-App und wählen die Desktop-Version *OneNote 2016* aus. Du erkennst sie an der Jahreszahl im Titel.

Wenn Du *OneNote 2016* zum ersten Mal öffnest, ist in der Regel schon ein Beispiel-Notizbuch eingerichtet. Auf der Seite in der Mitte gibt es ein paar allgemeine Erläuterungen über *OneNote*. Der Name des aktuellen Notizbuchs steht links oben, hier in der Abbildung *„Mein Notizbuch"*.

Abbildung 17: Beispiel-Notizbuch in OneNote 2016

Wir wollen *OneNote* von Grund auf kennen lernen. Deshalb passen wir zuerst die Ansicht in der Programm-Oberfläche ein wenig an. Einen Überblick über alle verfügbaren Notizbücher bekommst Du, wenn Du erst auf das aktuelle Notizbuch und dann auf die kleine graue Pin-Nadel daneben klickst. So bleibt die Spalte dauerhaft aufgeklappt. Diese Ansicht ist praktisch, wenn Du später mehrere Notizbücher parallel in *OneNote* geöffnet hast.

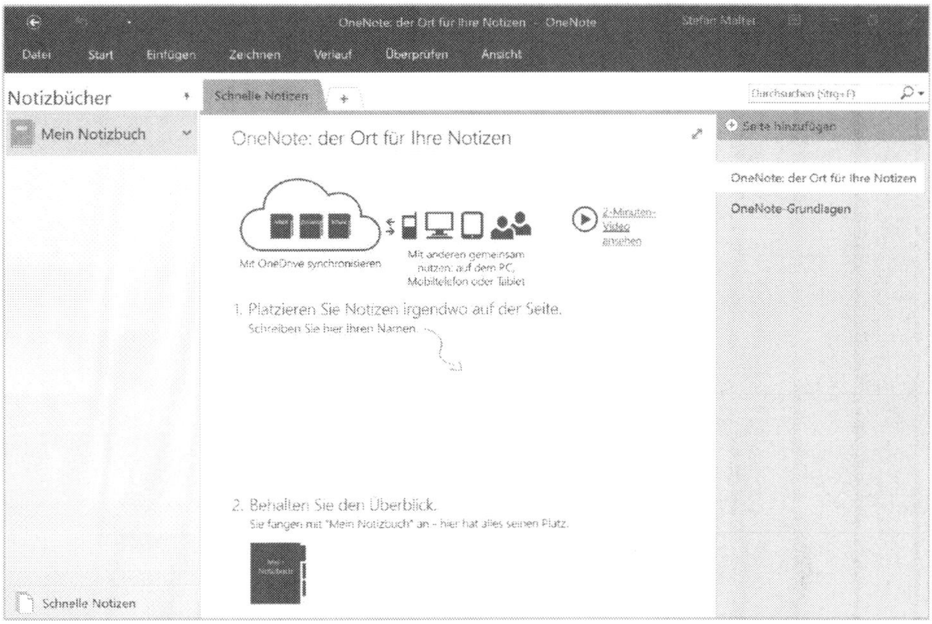

Abbildung 18: Notizbuch-Spalte (links) in OneNote 2016

Nun möchte ich Dich bitten, das vorhandene Beispiel-Notizbuch zu schließen. Keine Sorge: Das heißt nicht, dass es gelöscht wird. Es wird nur vorübergehend nicht mehr in der Programm-Oberfläche angezeigt. Klicke dazu mit der rechten Maustaste auf das Notizbuch in der Spalte und wähle in dem Kontext-Menü ganz unten den Eintrag *„Notizbuch schließen“*. Jetzt sollte *OneNote* ganz „leer“ sein. Wir können also in Kürze unser erstes eigenes Notizbuch erstellen.

Erste Schritte mit der *OneNote*-App

Ich habe Dir im vorherigen Kapitel bereits erklärt, dass die *OneNote*-App in Windows 10 vorinstalliert ist. Um die App zu öffnen, klickst oder tippst Du einfach die entsprechende Kachel im Startmenü an. Alternativ kannst Du auch wieder die *Windows*-Taste auf der Tastatur drücken, *„onenote“* eintippen und diesmal die *OneNote*-App auswählen – also den Eintrag ohne Jahreszahl hinter dem Titel.

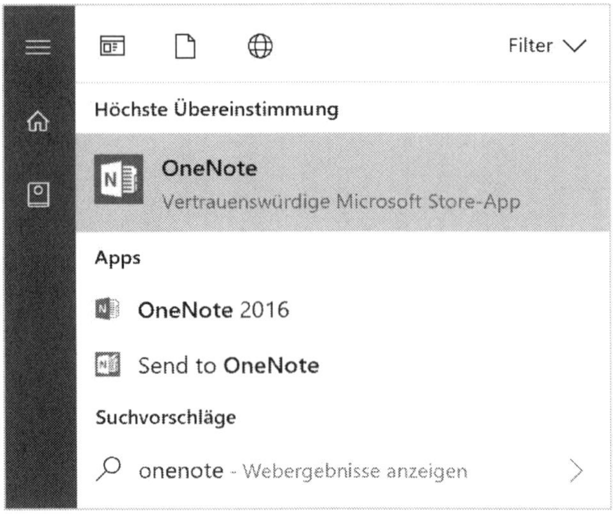

Abbildung 19: OneNote-App im Startmenü von Windows 10

Beim ersten Öffnen der *OneNote*-App begrüßt Dich ein bunter Startbildschirm. Wenn Du *Windows 10* mit einem *Microsoft*-Konto nutzt, bist Du in der App auch schon entsprechend angemeldet. Den Hinweis findest Du unten auf der Grafik.

Abbildung 20: Begrüßung der OneNote-App für Windows 10

Wenn Du noch nicht angemeldet bist, dann solltest Du das jetzt unbedingt nachholen. Schließlich kann die *OneNote*-App ja nur auf Notizbücher in der *Microsoft*-Cloud *OneDrive* zugreifen. Klicke dazu auf den Hinweis unten und gib Deine Benutzerdaten ein.

Auch in der *OneNote*-App ist in der Regel schon ein persönliches Beispiel-Notizbuch eingerichtet. Du bekommst es nach dem ersten Start angezeigt.

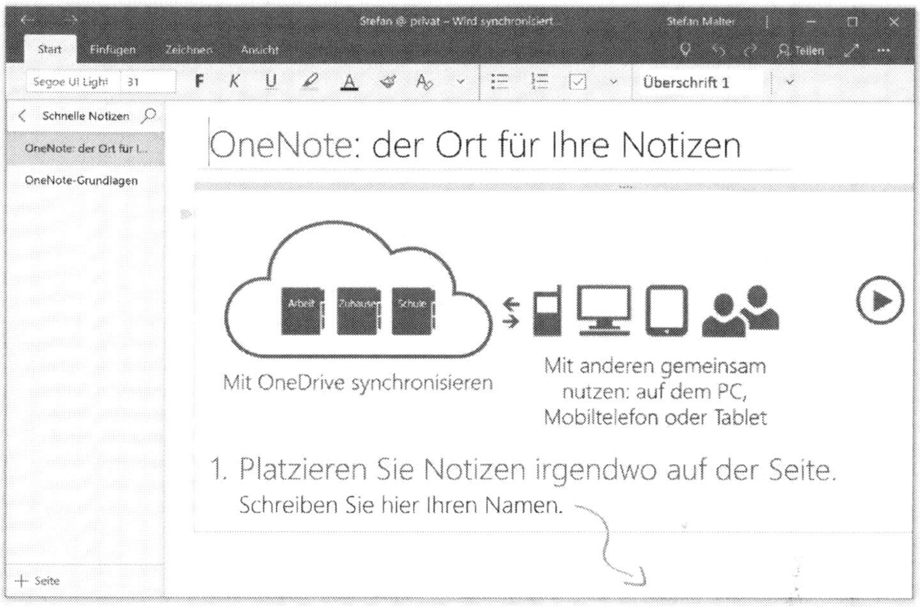

Abbildung 21: Beispiel-Notizbuch in der OneNote-App für Windows 10

Wir möchten das Beispiel-Notizbuch nun wieder loswerden, um später mit einer komplett leeren *OneNote*-App loszulegen. Klicke dafür links oben auf den kleinen Pfeil neben *"Schnelle Notizen"*. Daraufhin öffnet sich eine weitere Spalte, in der auch Dein persönliches Notizbuch angezeigt wird. In diesem Beispiel heißt es einfach *„Stefan @ privat"*.

Du kannst das Notizbuch schließen, indem Du mit der rechten Maustaste auf das Notizbuch klickst und den entsprechenden Eintrag auswählst – so wie in der folgenden Abbildung.

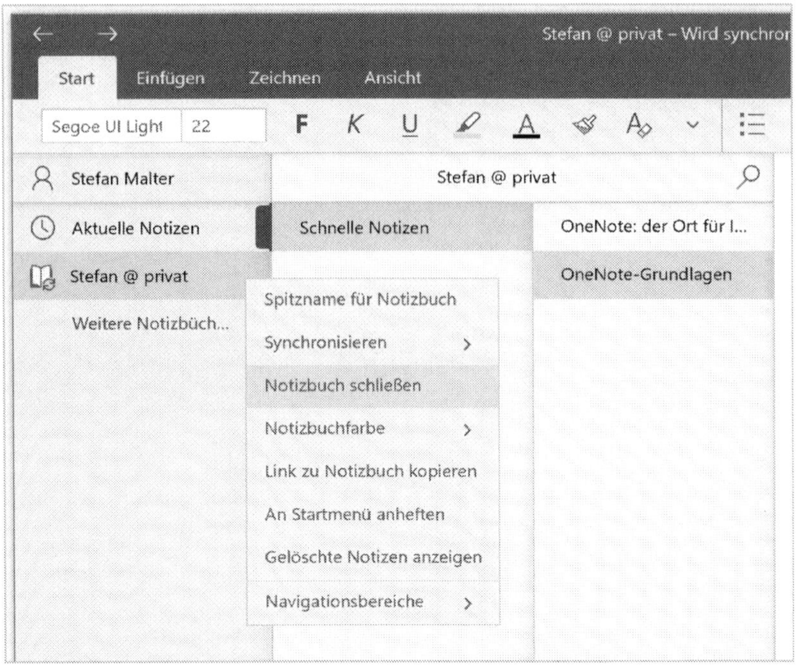

Abbildung 22: Beispiel-Notizbuch in der OneNote-App schließen

Jetzt ist auch die *OneNote*-App komplett „leer" und startklar für Dein erstes eigenes Notizbuch. Wie Du neue Notizbücher erstellst und fürs digitale Arbeiten einrichtest, erfährst Du im nächsten Kapitel.

OneNote-Notizbuch erstellen

Mit wenigen Klicks kannst Du in *OneNote* eigene Notizbücher erstellen. Wie das funktioniert und was Du dabei in der Desktop-Version und in der App jeweils beachten solltest, erkläre ich Dir in diesem Kapitel.

Ich setze in diesem Kapitel voraus, dass Du *OneNote* als App oder in der Desktop-Variante installiert hast und die unterschiedlichen Speicherorte für Notizbücher kennst. Außerdem solltest Du nach dem ersten Start alle Beispiel-Notizbücher in *OneNote* geschlossen haben.

Neues Notizbuch in *OneNote 2016* erstellen

Wir nehmen uns zuerst die Desktop-Version vor und erstellen in dem Programm ein neues Notizbuch. Klicke dazu in der Menüleiste ganz oben links auf den Eintrag *„Datei“* und dann direkt auf *„Neu“*.

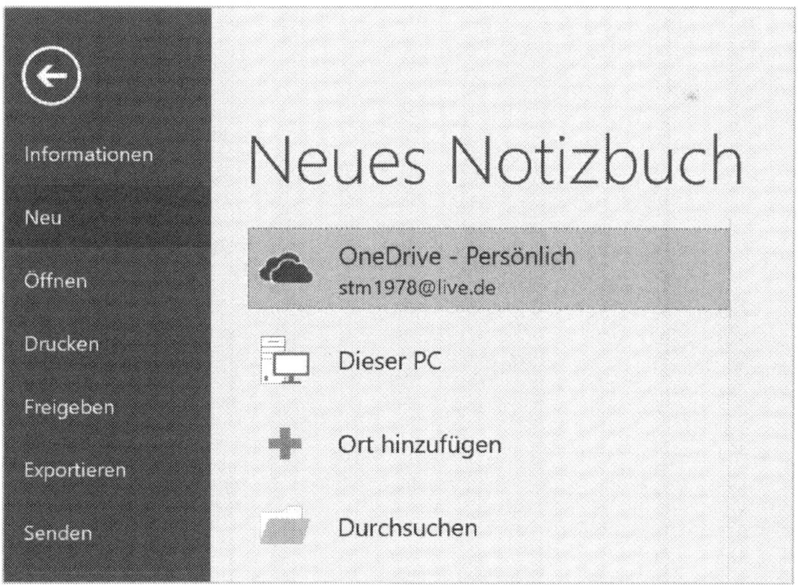

Abbildung 23: Neues Notizbuch erstellen in OneNote 2016

Hier kannst Du nun auch den Speicherort für Dein neues Notizbuch auswählen, zum Beispiel die *Microsoft*-Cloud *OneDrive* oder die Festplatte auf Deinem PC. Die Vorteile und Nachteile der unterschiedlichen Speicherorte habe ich Dir in Teil 1 dieses Buchs bereits erklärt. Ich persönlich empfehle Dir, Deine Notizbücher nach Möglichkeit in der Cloud anzulegen. So möchte ich dieses Beispiel jetzt auch mit Dir durchspielen.

Wähle also Deine Cloud aus. Wenn Dein *OneDrive*-Konto in der Liste nicht angezeigt wird, musst Du den Ort erst noch hinzufügen und Dich dann mit Deinem *Microsoft*-Account anmelden. Nun kannst Du in dem Feld rechts daneben den Namen für Dein erstes *OneNote*-Notizbuch vergeben.

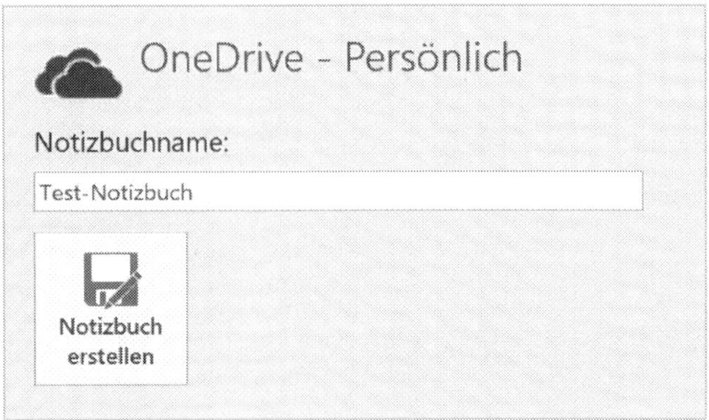

Abbildung 24: Notizbuchname vergeben

Es ist nur ein Test-Notizbuch und muss daher jetzt keinen perfekten Namen bekommen. Du kannst das Notizbuch später umbenennen oder wieder löschen.

Jetzt musst Du nur noch auf *„Notizbuch erstellen“* klicken. *OneNote* erledigt den Rest für Dich. Zuletzt wirst Du noch gefragt, ob Du das Notizbuch für andere Personen freigeben möchtest. Diese praktische Funktion für die Zusammenarbeit mit anderen Personen erkläre ich Dir in einem späteren Kapitel. Zum jetzigen Zeitpunkt entscheiden wir uns für die Auswahl *„Jetzt nicht“*.

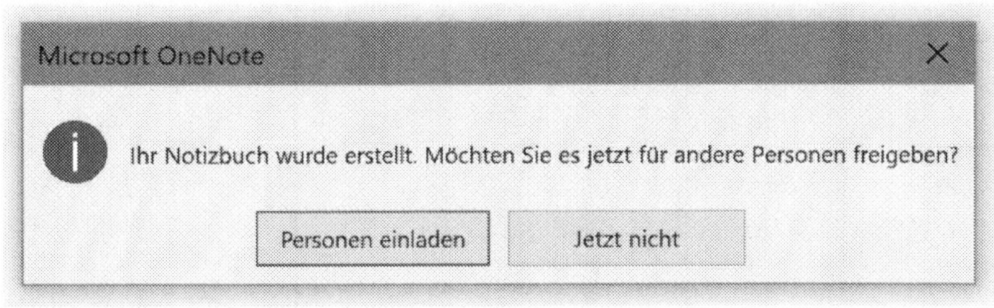

Abbildung 25: Hinweis-Fenster in OneNote 2016

Wenn Du die Schritte wie beschrieben befolgt hast, erstellt *OneNote* nun Dein erstes Notizbuch wie gewünscht in der Cloud. Es wird Dir in der linken Spalte der Desktop-Oberfläche so oder so ähnlich angezeigt:

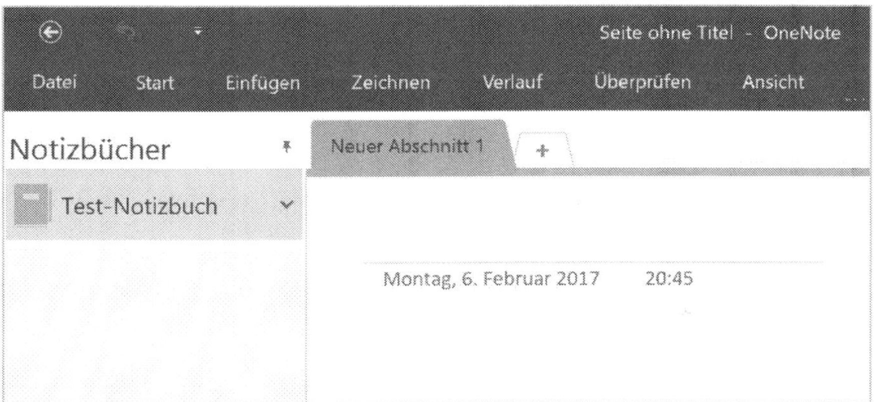

Abbildung 26: Neues Notizbuch in OneNote 2016

Neues Notizbuch in der *OneNote*-App erstellen

Nach demselben Prinzip – fast noch ein bisschen einfacher – kannst Du auch in der *OneNote*-App eigene Notizbücher erstellen. Bitte beachte, dass Du Notizbücher in der App aktuell nur in der *Microsoft*-Cloud *OneDrive* und nicht lokal auf Deiner Festplatte anlegen und bearbeiten kannst. *„Fangen Sie an zu notieren!“* – so lautet die Aufforderung im Zentrum der komplett entleerten *OneNote*-App.

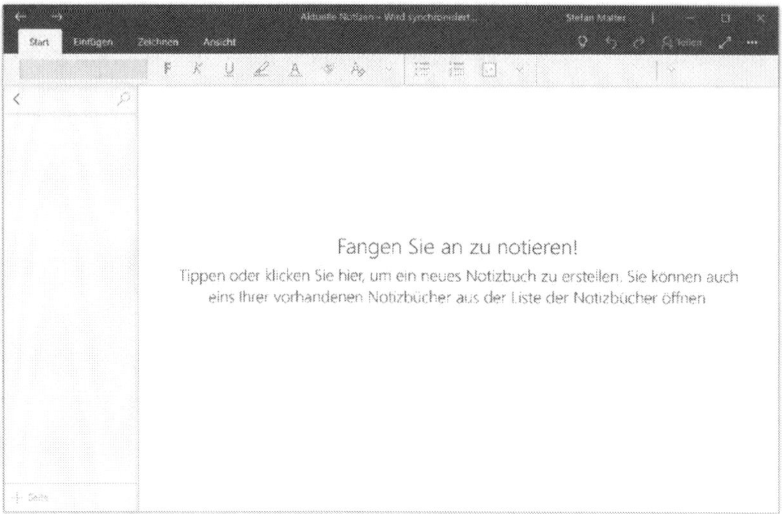

Abbildung 27: OneNote-App für Windows 10 ohne Inhalte

Um ein erstes Notizbuch zu erstellen, tippst oder klickst Du einfach mitten auf die Seite. In einem kleinen Fenster kannst Du dann wieder einen Namen für Dein neues *OneNote*-Notizbuch eingeben.

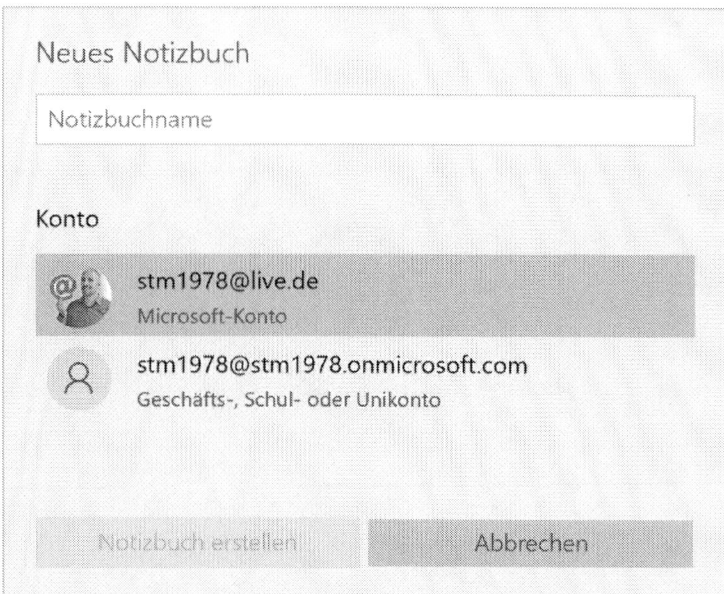

Abbildung 28: Neues Notizbuch in der OneNote-App erstellen

Außerdem bestimmst Du hier, in welchem *Microsoft*-Konto es gespeichert werden soll. Ich selbst nutze übrigens mehrere Benutzerkonten, zum Beispiel um private und berufliche Notizen getrennt zu halten.

Dein frisch erstelltes Notizbuch ist sofort einsatzbereit und wird in der *OneNote*-App angezeigt. Du findest den neuen Eintrag in der Spalte ganz links.

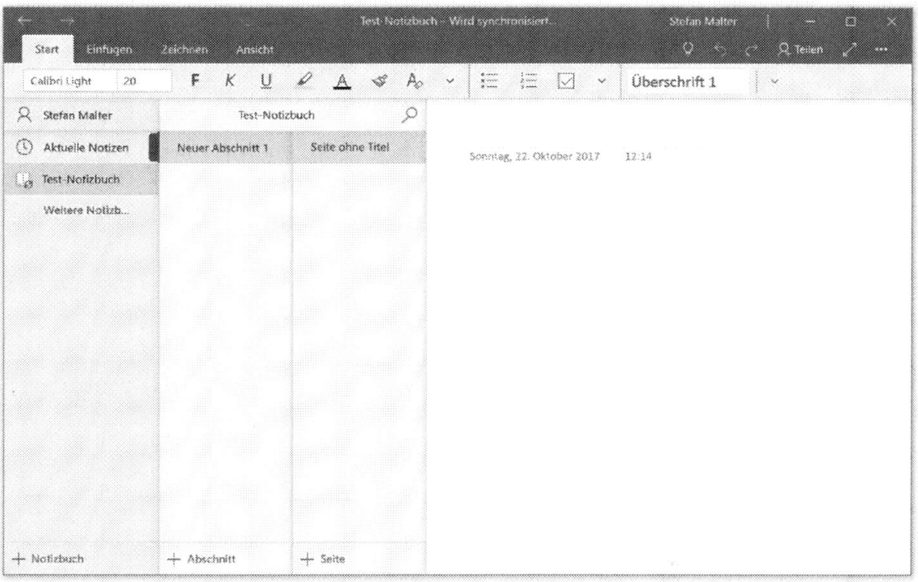

Abbildung 29: Notizbuch in der OneNote-App für Windows 10

Jetzt kannst Du beliebig viele weitere Notizbücher für verschiedene Zwecke hinzufügen. Klicke dazu einfach auf das Plus-Zeichen ganz unten links. Der Dialog zum Erstellen eines *OneNote*-Notizbuchs in der Cloud beginnt dann von vorn.

Solltest Du irgendwann den Überblick über Deine erstellten und geöffneten Notizbücher verlieren, kannst Du sie auch wieder aus der Programm-Oberfläche entfernen oder sogar komplett löschen. Das Löschen erkläre ich Dir in einem späteren Kapitel. Im nächsten Schritt füllen wir nämlich Dein neues *OneNote*-Notizbuch mit Abschnitten. Wir werden neue Abschnitte anlegen, Abschnitte verschieben und umbenennen. Außerdem zeige ich Dir, wie Du die Farben von Abschnitten festlegst und unnütze Abschnitte wieder löschst.

OneNote-Abschnitte erstellen und bearbeiten

Wie legt man einen neuen *OneNote*-Abschnitt an? Wie kannst Du die Abschnitte an Deine persönlichen Bedürfnisse anpassen? In diesem Artikel erfährst Du, wie Du in *OneNote* Abschnitte erstellen und bearbeiten kannst.

Wir haben im vorherigen Kapitel ein neues Notizbuch erstellt. Vielleicht ist Dir schon aufgefallen, dass das Notizbuch auch schon einen ersten Abschnitt enthält. In *OneNote 2016* entdeckst Du den Abschnitt, wenn Du auf den kleinen Pfeil neben dem Notizbuch-Titel klickst. Das Notizbuch klappt auf, und Du siehst den Eintrag mit dem Titel *„Neuer Abschnitt 1"*.

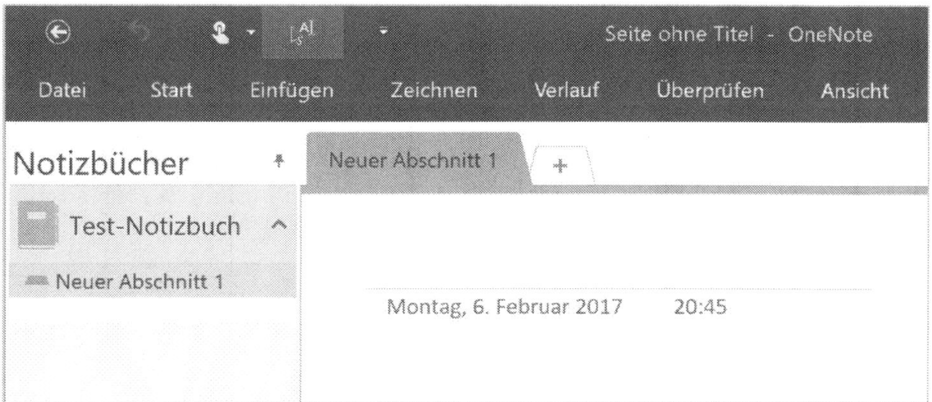

Abbildung 30: Notizbuch mit neuem Abschnitt in OneNote 2016

Abschnitt umbenennen in *OneNote*

Du kannst jeden *OneNote*-Abschnitt jederzeit umbenennen. Den neuen Namen darfst Du Dir frei aussuchen. Nur auf bestimmte Sonderzeichen musst Du beim Umbenennen verzichten, z. B. diese:

? * \ / : < > | & # " %

Es gibt zwei Wege, um dem Beispiel-Abschnitt einen eigenen Namen zu geben: Klicke dazu mit der rechten Maustaste entweder auf den Reiter oben in der Leiste oder auf den kleinen Reiter links in der Spalte. (In der *OneNote*-App kannst Du den Abschnitt auch einfach länger angetippt halten.)

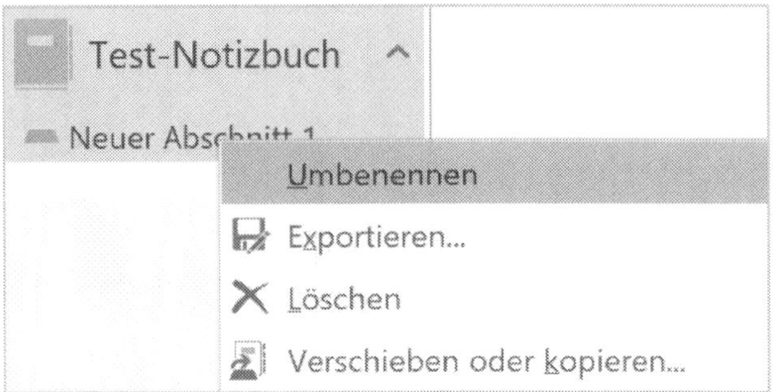

Abbildung 31: Abschnitt umbenennen in OneNote 2016

Sofort öffnet sich ein Kontextmenü. Wähle hier die Funktion *„Umbenennen"* aus und gib über die Tastatur einen neuen Namen ein. Wenn Du danach auf die *Enter*-Taste drückst, wird der Titel in *OneNote* direkt übernommen.

Weitere *OneNote*-Abschnitte hinzufügen

Du wirst weitere Reiter benötigen, um Ordnung in Dein *OneNote*-Notizbuch zu bringen. Deshalb wollen wir jetzt noch weitere Abschnitte einfügen.

In der *OneNote*-App findest Du in der Abschnitt-Spalte ganz unten wieder ein Plus-Zeichen. Du kennst es schon vom Erstellen neuer Notizbücher. Tippe das Symbol an, und schon wird ein neuer Abschnitt erstellt. Du kannst sofort einen sinnvollen Namen eingeben.

In der Desktop-Version brauchst Du ein paar mehr Schritte: Klicke mit der rechten Maustaste auf die freie Fläche unter dem ersten Abschnitt und wähle den Menüpunkt *„Neuer Abschnitt"* aus. *OneNote* legt erneut einen Abschnitt mit einer vorläufigen Benennung an. Du weißt ja bereits, wie Du statt *„Neuer Abschnitt 1"* einen sinnvolleren Titel vergeben kannst (s. o.).

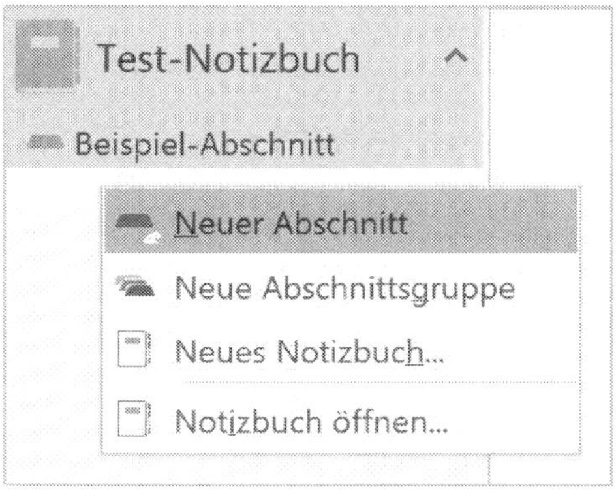

Abbildung 32: Neuen Abschnitt erstellen

Erstelle noch einen weiteren Abschnitt und benenne ihn wie in der folgenden Abbildung. Dann müsstest Du das Anlegen und Umbenennen von neuen *OneNote*-Abschnitten schon selbstständig beherrschen.

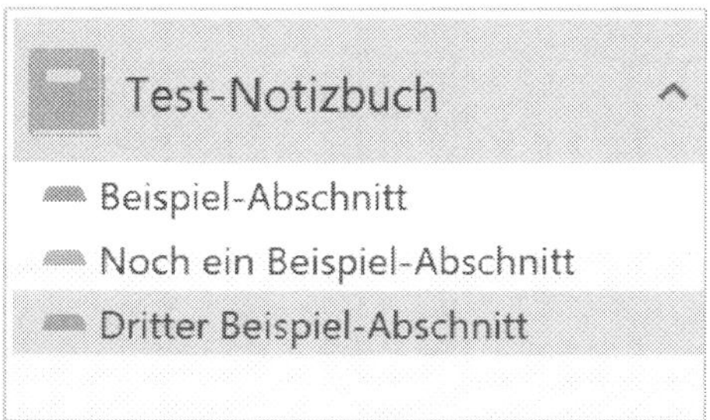

Abbildung 33: weitere Abschnitte im Test-Notizbuch

OneNote-Abschnitte verschieben

Bei mehreren Abschnitten kann man irgendwann den Überblick verlieren. Du kannst deshalb die Reihenfolge der Abschnitte in Deinem *OneNote*-Notizbuch ändern. Die einfachste Methode zum Verschieben funktioniert in allen Programm-Versionen gleich: Klicke mit der linken Maustaste oder tippe mit dem Finger auf den Abschnitt, den Du verschieben möchtest. Halte ihn gedrückt und ziehe ihn an die gewünschte Position in der Liste.

Irgendwann hast Du vielleicht so viele Notizbücher und Abschnitte in *OneNote* geöffnet, dass das Verschieben innerhalb der Spalte schwieriger wird. Wenn Du mit der rechten Maustaste auf einen Abschnitt klickst, kannst Du die Funktion *„Verschieben oder kopieren“* auswählen. Danach öffnet sich ein neues Fenster. Darin sind alle geöffneten Notizbücher – und in der Desktop-Version auch alle Abschnitte – übersichtlich aufgelistet.

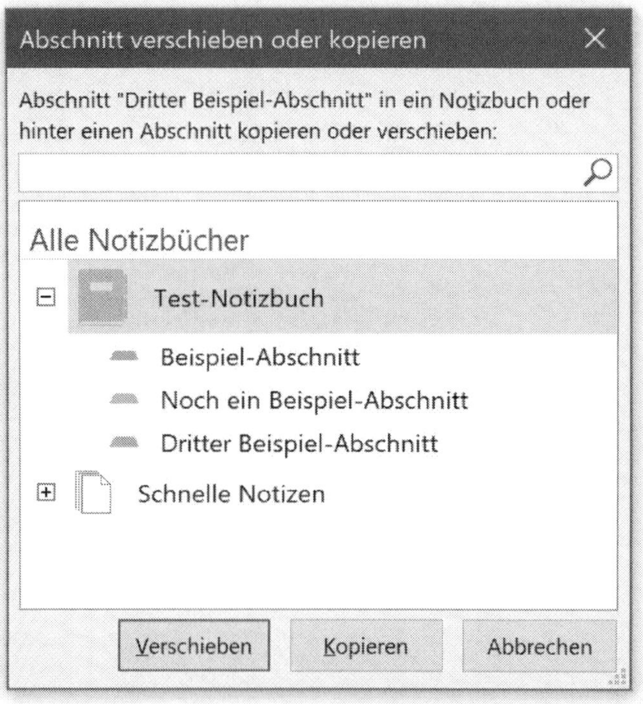

Abbildung 34: Abschnitt verschieben oder kopieren in OneNote 2016

Du kannst nun einen Abschnitt in dem Fenster auswählen und über die Buttons gezielt an eine andere Stelle verschieben oder kopieren, bis Du mit der Ordnung in Deinen *OneNote*-Notizbüchern zufrieden bist.

Abschnittsfarben in *OneNote* ändern

Du hast in *OneNote* die Möglichkeit, den Abschnitten bestimmte Farben zuzuordnen. So behältst Du in einem komplexen Notizbuch einen besseren Überblick über alle Inhalte.

Um eine Farbe auszuwählen, klickst Du wieder mit der rechten Maustaste auf einen Abschnitt oder hältst ihn mit dem Finger gedrückt. Wenn Du im Kontextmenü den Eintrag *„Abschnittsfarben“* auswählst, bietet Dir *OneNote* eine Reihe vordefinierter Farbtöne an. Eigene Farben kannst Du aktuell leider nicht hinzufügen.

Abbildung 35: Abschnittsfarben in OneNote 2016

Löschen von *OneNote*-Abschnitten

Ich räume meine digitalen Notizbücher regelmäßig auf. Dabei stoße ich auch auf Abschnitte, die mittlerweile überflüssig sind und gelöscht werden können. Du kannst *OneNote*-Abschnitte jederzeit löschen. Dabei löschst Du übrigens auch alle Inhalte in diesem Abschnitt.

Klicke mit der rechten Maustaste auf den Abschnitt, den Du löschen willst. Wähle dann im Kontextmenü *„Löschen"* aus. Zur Vorsicht möchte *OneNote* noch eine Bestätigung von Dir. Nach einem Klick auf *„OK"* ist der Abschnitt dauerhaft verschwunden.

Du beherrschst jetzt die wichtigsten Funktionen, um *OneNote*-Abschnitte zu erstellen, umzubenennen, zu verschieben, farblich anzupassen und auch wieder zu löschen. Das Anlegen und Verwalten von Abschnitten ist wirklich ganz einfach. Wer schon einmal Datei-Ordner in *Windows* erstellt und bearbeitet hat, wird sich in *OneNote* schnell zurechtfinden. Mache Dich am besten selbst noch einmal mit den Möglichkeiten vertraut.

Im nächsten Kapitel wirst Du *OneNote*-Seiten kennenlernen. Mit Seiten füllst Du Deine Abschnitte. Auf den Seiten kannst Du sämtliche Inhalte einfügen – Texte, Bilder, Tabellen und vieles mehr. Dann kennst Du bereits die wichtigsten Elemente in einem *OneNote*-Notizbuch.

OneNote-Seiten erstellen und bearbeiten

Auf *OneNote*-Seiten kannst Du Notizen, Skizzen und sonstige Inhalte einfügen – wie in einem echten Notizbuch aus Papier. Die Seiten entsprechen also den Blättern, die Du zwischen die Trenner einer klassischen Organisationsmappe legst.

Du kannst prinzipiell unendlich viele neue Seiten erstellen und auch wieder löschen – ganz ohne Papier- und Druckkosten! Zusätzlich bieten digitale Seiten dank *OneNote* noch viel mehr Möglichkeiten als ein echtes Blatt Papier. In diesem Artikel lernst Du zunächst, wie Du Seiten in Deinem *OneNote*-Notizbuch anlegst und verwaltest.

In der Desktop-Version von *OneNote* findest Du in der linken Spalte alle geöffneten Notizbücher und die darin eingefügten Abschnitte. Die Seiten wiederum sind in der Spalte ganz rechts aufgeführt. Der Inhalt der aktuell geöffneten Seite wird in der Mitte angezeigt. An diese grundsätzliche Ordnung in *OneNote* wirst Du Dich sicher schnell gewöhnen.

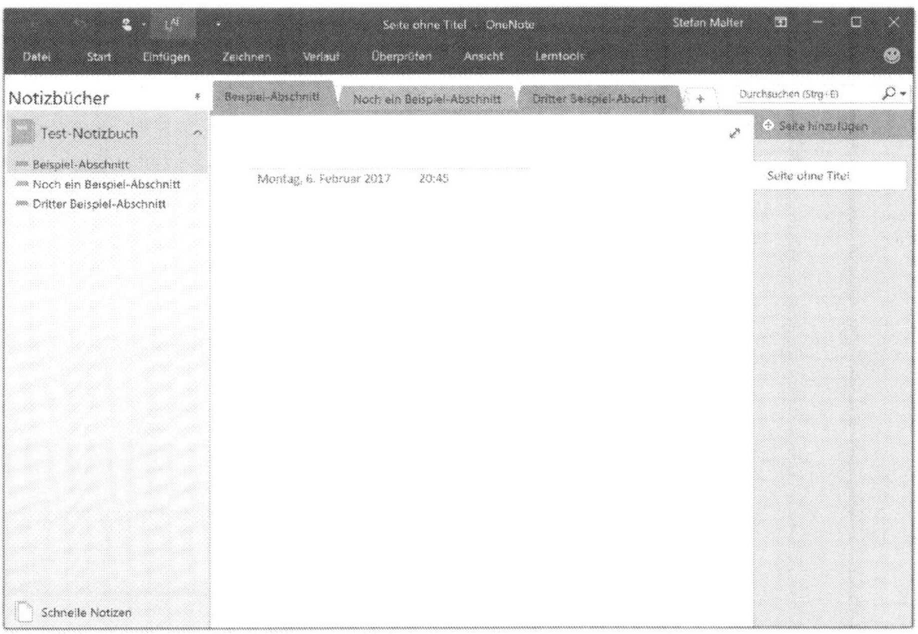

Abbildung 36: Programm-Oberfläche in OneNote 2016

In jedem neuen Abschnitt erstellt *OneNote* automatisch eine erste neue Seite. Sie heißt *„Seite ohne Titel"* und wird in der rechten Spalte angezeigt.

Seiten-Titel in *OneNote* vergeben

Ich empfehle Dir, jeder neuen Seite in *OneNote* direkt einen sinnvollen Namen zu geben. Mit Hilfe der Seitentitel findest Du Deine Notizen und Unterlagen in Zukunft problemlos wieder. Du weißt auf einen Blick, welche Inhalte Dich dort erwarten. Es gibt zwei einfache Möglichkeiten, um *OneNote*-Seiten sinnvoll zu benennen:

- Du kannst *OneNote*-Seiten einen Namen geben, indem Du mit der rechten Maustaste auf den Eintrag *„Seite ohne Titel"* klickst. Wähle dann im Kontextmenü die Funktion *„Umbenennen"* aus.

- Du kannst den gewünschten Titel auch direkt auf der Seite selbst eingeben. Klicke dazu auf die Titelzeile über dem Datum und gib per Tastatur eine Überschrift ein. Diese wird dann automatisch als Seitentitel übernommen und auch in der Spalte rechts sowie in der Titelzeile des *OneNote*-Fensters ganz oben angezeigt.

Abbildung 37: Seitentitel eingeben

Es ist Dir sicher schon aufgefallen: Auf jeder neuen *OneNote*-Seite werden automatisch das aktuelle Datum und die Uhrzeit eingefügt. So kannst Du nachvollziehen, wann welche Seite erstellt wurde. Das ist zum Beispiel hilfreich, wenn Du in *OneNote* Protokolle schreibst oder wenn mehrere Personen in einem gemeinsamen Notizbuch neue Seiten erstellen. Du kannst das Datum und die Uhrzeit auch ändern. Klicke dazu auf die Einträge und wähle die gewünschten Daten aus. Du kannst die Angaben auch komplett löschen, indem Du sie markierst und dann die *Entfernen*-Taste auf Deiner Tastatur drückst.

Du kannst jetzt in jedem Abschnitt Deines *OneNote*-Notizbuchs neue Seiten anlegen. Wähle zuerst in der linken Spalte den gewünschten Abschnitt aus. Danach klickst Du auf das Feld *„Seite hinzufügen"* in der rechten Spalte über den bestehenden Seiten. Bei jedem Klick erstellt *OneNote* nun untereinander weitere Seiten in dem Abschnitt.

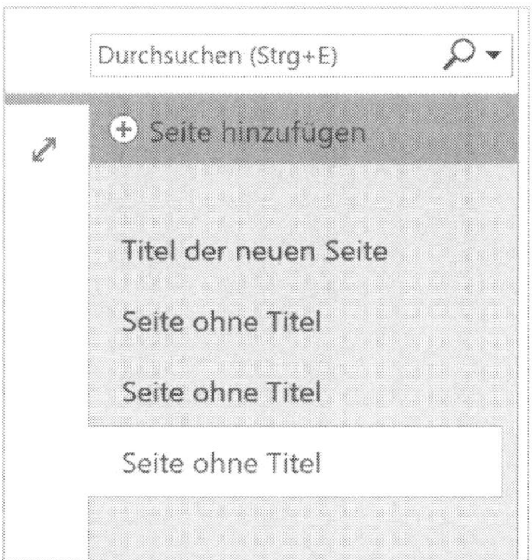

Abbildung 38: Seite hinzufügen in OneNote 2016

In der *OneNote*-App erstellst Du neue Seiten ebenfalls mit einem Klick, und zwar wieder über das Plus-Zeichen ganz unten in der Spalte.

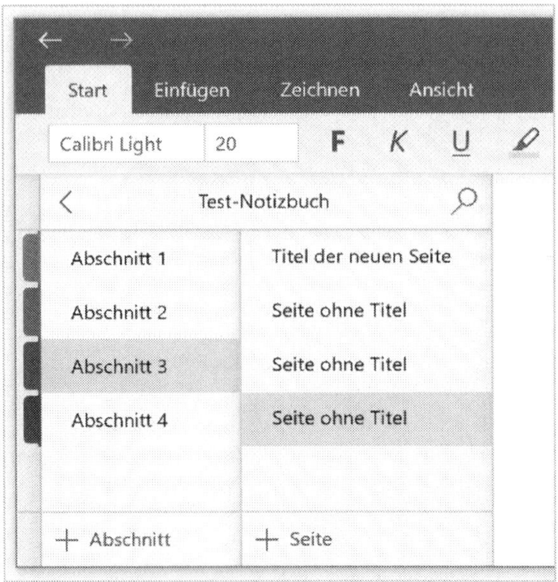

Abbildung 39: Seite hinzufügen in der OneNote-App für Windows 10

Umbenennen, verschieben, kopieren und löschen von *OneNote*-Seiten

Auch Seiten kannst Du bequem verwalten – ähnlich wie Du es bereits in meinem Kapitel über *OneNote*-Abschnitte gelernt hast. *OneNote*-Seiten lassen sich problemlos umbenennen, verschieben, kopieren oder auch löschen. Du findest diese Funktionen wieder im sogenannten Kontextmenü: Tippe eine Weile mit dem Finger bzw. klicke mit der rechten Maustaste auf die jeweilige *OneNote*-Seite und wähle dann in der Liste einfach den Eintrag für die gewünschte Aktion aus.

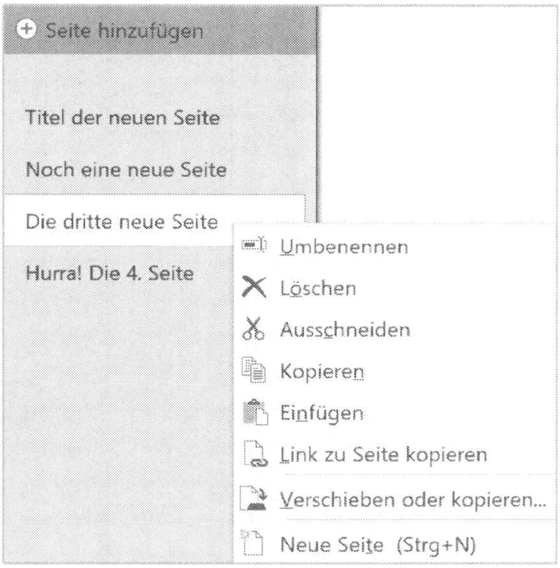

Abbildung 40: Seiten verwalten in OneNote 2016

Du solltest Dich mit dem Verwalten von *OneNote*-Seiten gut vertraut machen. Lege doch einfach mal verschiedene Seiten in Deinen Abschnitten an und passe sie an Deine persönlichen Bedürfnisse an. So nimmt die Struktur in Deinem ersten eigenen *OneNote*-Notizbuch immer mehr Form an. Wie mächtig *OneNote*-Seiten wirklich sind, verrate ich Dir im nächsten Kapitel.

Seiteneigenschaften in *OneNote*

Du kannst in Deinem *OneNote*-Notizbuch nicht nur Texte, Skizzen und sonstige Notizen einfügen. Digitale Seiten haben einige tolle Eigenschaften, bei denen echtes Papier in einem klassischen Notizbuch nicht mithalten kann. Sie können beispielsweise Fotos, Links, Grafiken und Tabellen enthalten. Du kannst auch Videos, Audio-Aufnahmen, PDF-Dokumente, *Excel*-Dateien oder sogar komplette Internetseiten in *OneNote* einfügen.

Im vorherigen Kapitel habe ich Dir gezeigt, wie Du Seiten in *OneNote* erstellst und verwaltest. Jetzt möchte ich Dir die wichtigsten Seiteneigenschaften vorstellen, die *OneNote*-Seiten von Blättern aus Papier unterscheiden.

Wenn Du Papier für Deinen Drucker kaufst, ist es meist komplett weiß. Es hat keine Kästchen und keine Linien. Die bekannteste handelsübliche Papiergröße ist DIN A4 – so wie bei diesem Blatt:

Abbildung 41: Blatt Papier in der Größe DIN A4

Auch eine *OneNote*-Seite ist grundsätzlich weiß. In der Regel hat sie eine Titelzeile. Außerdem fügt *OneNote* noch automatisch das aktuelle Datum und die Uhrzeit ein. Ansonsten entspricht die neue Seite einem *„unbeschriebenen Blatt"*.

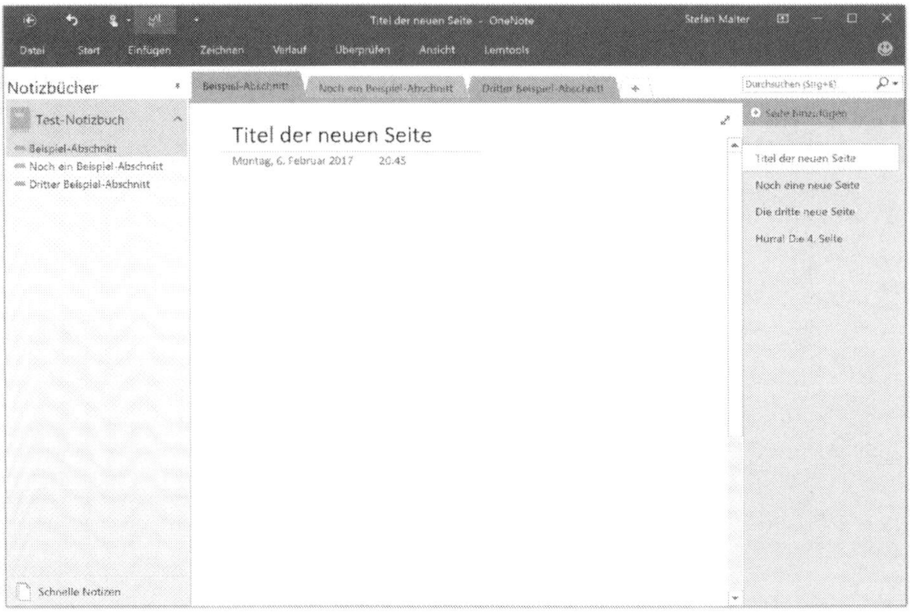

Abbildung 42: leere Seite in OneNote 2016

OneNote-Seiten ohne Grenzen

Ein echtes DIN-A4-Blatt aus Papier hat eine feste Größe. Irgendwann stößt Du beim Schreiben oder Zeichnen an den Rand. Du musst das Seite umdrehen, um auf der Rückseite weiterzuschreiben. Zur Not brauchst Du ein weiteres Blatt.

Eine *OneNote*-Seite dagegen hat erst mal keine Begrenzung. Du kannst auf einer digitalen Seite unendlich viele Inhalte einfügen und sie in jede Richtung erweitern. Dazu scrollst Du einfach nach unten oder nach rechts, um mehr Platz für Notizen zu haben. Die Seite passt sich automatisch an und wächst mit ihren Inhalten. Daran muss man sich anfangs erst mal gewöhnen. Diese Seiteneigenschaft kann aber sehr praktisch sein, zum Beispiel bei langen Texten, ausführlichen Listen oder umfangreichen Skizzen.

Wenn Du es mit der Größe übertreibst, kann Deine *OneNote*-Seite trotzdem auch unübersichtlich werden. Und: Wenn Du die Seite irgendwann doch mal auf echtem Papier ausdrucken möchtest, passen vielleicht nicht alle Notizen auf ein herkömmliches Blatt. Deshalb kannst Du die tatsächliche Größe einer *OneNote*-Seite bei Bedarf auch festlegen und begrenzen.

Wähle in der Funktionsleiste in *OneNote 2016* oben den Reiter *„Ansicht"* aus. Dort findest Du ein Symbol mit der Beschriftung *„Papierformat"*.

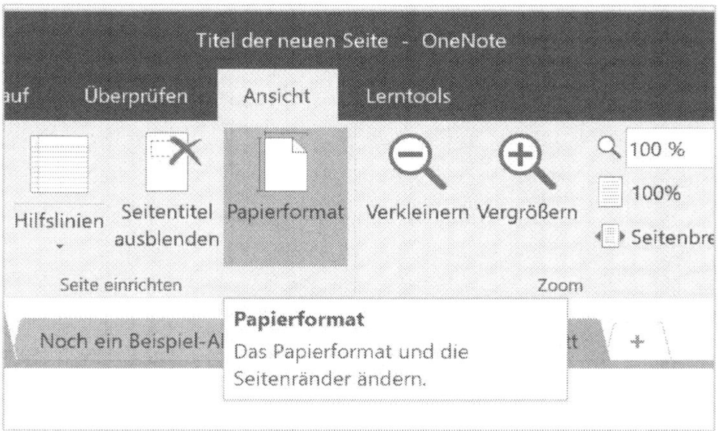

Abbildung 43: Papierformat festlegen

Wenn Du auf das Symbol klickst, öffnet sich rechts eine neue Leiste mit allen Optionen rund ums Papierformat. Als Voreinstellung ist unter *„Größe"* der Wert *„Automatisch"* eingetragen. Du kannst hier eine beliebige feste Größe auswählen. *OneNote* bietet Dir diverse Standard-Formate an, darunter auch typische Maße, die in Deutschland oder auch international besonders verbreitet sind, zum Beispiel:

- A3, A4, A5, usw.
- Postkarte, Karteikarte
- Letter, Tabloid

Du kannst auch entscheiden, ob eine Seite hochkant oder im Querformat angezeigt werden soll. Die passenden Einstellungen dazu findest Du hinter dem Feld mit der Beschriftung *„Ausrichtung"*.

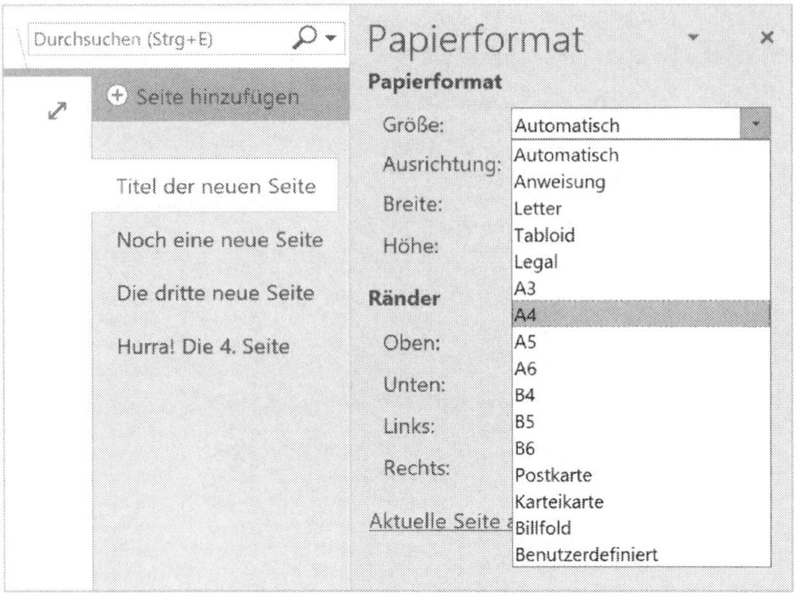

Abbildung 44: Vorgaben für Papierformate in OneNote 2016

Du kannst auch eigene Maße festlegen, wenn Deine bevorzugte Größe nicht mit dabei ist. Wähle dazu die Option *„Benutzerdefiniert“* ganz unten aus. Nun kannst Du die gewünschten Eckdaten in die entsprechenden Felder eintragen, gemessen in Zentimetern.

Du kannst die Spalte rund ums *„Papierformat“* geöffnet lassen oder über das kleine *„x“* rechts oben wieder schließen. *OneNote* merkt sich die Maße für die aktuelle Seite. Vielleicht möchtest Du dieses Format für alle weiteren neuen *OneNote*-Seiten einstellen. Klicke dazu unten auf *„Aktuelle Seite als Vorlage speichern“*. Die aktuelle Auswahl wird für den aktuellen Abschnitt übernommen.

OneNote-Seiten mit Linien, Kästchen oder Farben

Für einige Zwecke kannst Du vielleicht kariertes oder liniertes Papier gebrauchen, zum Beispiel für handschriftliche Skizzen oder mathematische Berechnungen. Du musst für diese Fälle aber kein teures Spezialpapier kaufen: *OneNote* bietet einige typische Hilfslinien-Muster als Vorlagen an. So kannst Du einzelne *OneNote*-Seiten direkt mit Linien oder Kästchen versehen.

Abbildung 45: eingeblendete Hilfslinien mit Kästchen

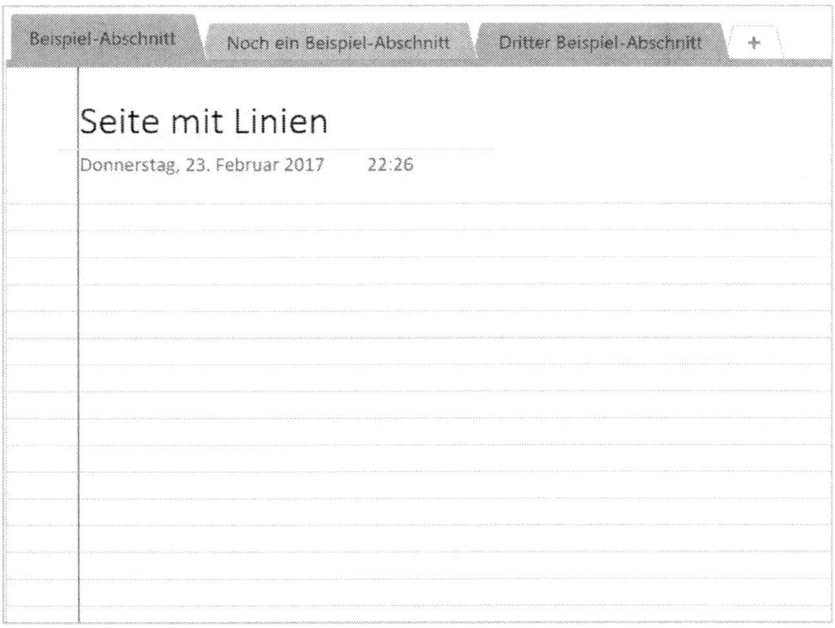

Abbildung 46: eingeblendete Hilfslinien mit Linien

Auch die Option *„Hilfslinien"* findest Du in der Funktionsleiste unter dem Reiter *„Ansicht"* – sowohl in der Desktop-Version als auch in der *OneNote*-App für *Windows 10*. Wenn Du eine der Vorlagen auswählst, verwandelt sich Dein leeres Blatt umgehend in eine karierte oder linierte Seite.

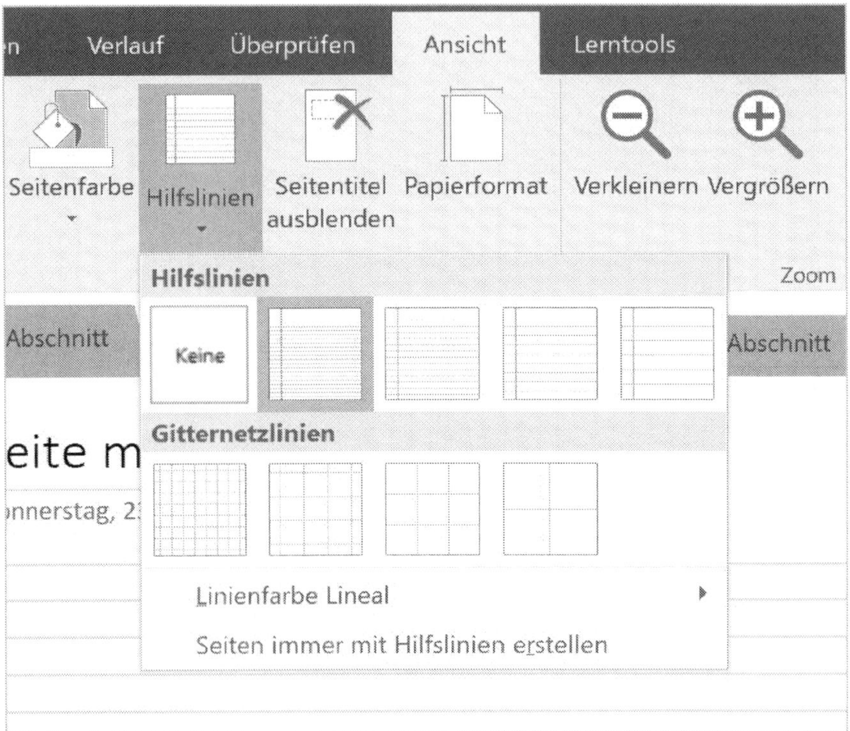

Abbildung 47: Hilfslinien in OneNote 2016 auswählen

Die Hilfslinien sind aber kein fester Bestandteil Deiner *OneNote*-Seite. Du kannst sie jederzeit wieder ausblenden, wenn Du sie nicht mehr benötigst.

Direkt neben den Hilfslinien findest Du die Funktion *„Seitenfarbe"*. Vielleicht möchtest Du Seiten zu einem bestimmten Thema einheitlich einfärben oder einfach nur ein wenig Abwechslung in Dein weißes Notizbuch bringen. Wähle aus einer Vielzahl von Farben einen Hintergrund für Deine *OneNote*-Seite aus.

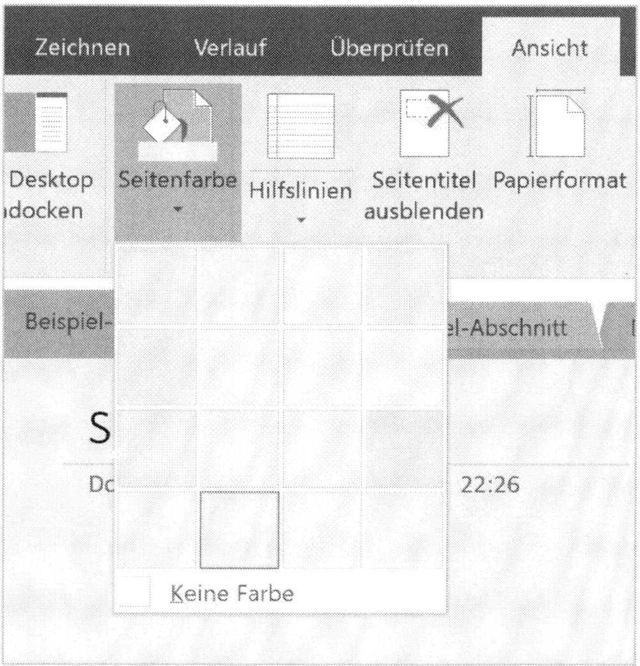

Abbildung 48: Seitenfarbe in OneNote 2016 auswählen

Ich stelle Dir später in diesem Buch noch einige weitere Möglichkeiten vor, um *OneNote*-Seiten an Deine Bedürfnisse anzupassen. Im nächsten Artikel füllen wir Deine Seiten mit ersten Text-Inhalten. Außerdem werde ich Dir erklären, wie sich das Schreiben in *OneNote* vom Schreiben in Programmen wie *Microsoft Word* unterscheidet.

Text in *OneNote* einfügen und bearbeiten

Ein Notizbuch lebt vor allem von Text-Einträgen. Das Schreiben und Bearbeiten von Texten wird Dir in *OneNote* besonders leichtfallen. Alle Funktionen für die Textbearbeitung sind selbsterklärend. Wenn Du schon mal mit *Microsoft Word*, *OpenOffice*, *Writer* oder ähnlicher Software gearbeitet hast, kommen Dir die Text-Optionen sicher bekannt vor.

Einen wichtigen Unterschied zwischen einem „echten" Notizbuch und dem digitalen *OneNote*-Notizbuch hast Du bereits im vorherigen Kapitel kennengelernt: *OneNote*-Seiten müssen keine feste Größe haben. Sie passen sich automatisch an den Inhalt an. Anders als in *Word* oder *OpenOffice* musst Du Deinen Text auch nicht als eine Einheit von oben nach unten schreiben. Du kannst überall auf einer *OneNote*-Seite Text einfügen – wie auf einem Blatt Papier, einer großen Tafel oder einem Whiteboard.

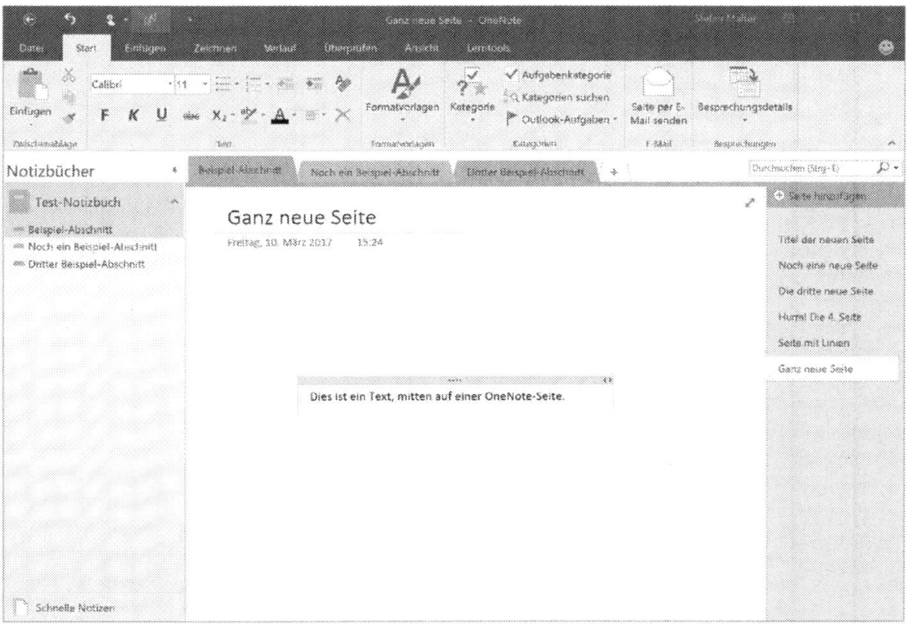

Abbildung 49: Text auf einer OneNote-Seite

Text auf einer *OneNote*-Seite einfügen

Los geht's auf einer neu angelegten *OneNote*-Seite: Klicke einfach mal mitten auf die weiße Fläche vor Dir. Dort wo Du hinklickst, erscheint der sogenannte Cursor, ein dünner blinkender Strich. Du kannst jetzt per Tastatur einen Text tippen. Er erscheint direkt an der Stelle in einer Textbox mit einem dünnen Rahmen, einem sogenannten *Container*.

Wenn Du möchtest, kannst Du diesen Container auch verschieben: Klicke dazu auf die graue Leiste über dem Text und halte die linke Maustaste gedrückt. Nun kannst Du den Container auf der *OneNote*-Seite verschieben. Sobald Du die Maustaste wieder loslässt, bleibt der Text an der neuen Position.

Du kannst jederzeit auch die Größe des Containers ändern: Fahre dazu mit dem Mauspfeil über die Ränder der Box. Wenn der Pfeil sich verändert, kannst Du den Container mit gedrückter linker Maustaste größer oder kleiner ziehen. Der enthaltene Text passt sich dann innerhalb des Rahmens automatisch an.

Abbildung 50: Container mit Text auf einer OneNote-Seite

Text-Layout bearbeiten

Für reine Text-Notizen ist die Standard-Schriftart ausreichend. Sie heißt in der Voreinstellung *„Calibri"* und ist sowohl für die Anzeige auf dem Bildschirm als auch für Ausdrucke gut geeignet. *OneNote* bietet Dir zusätzlich viele Möglichkeiten, um Deinen Text optisch anzupassen. Du kannst zum Beispiel die Schriftart, die Schriftgröße und den Stil des Textes verändern. So kannst Du zum Beispiel einzelne Wörter oder ganze Satzteile hervorheben. Die meisten Optionen findest Du in der Funktionsleiste oben unter dem Reiter *„Start"*.

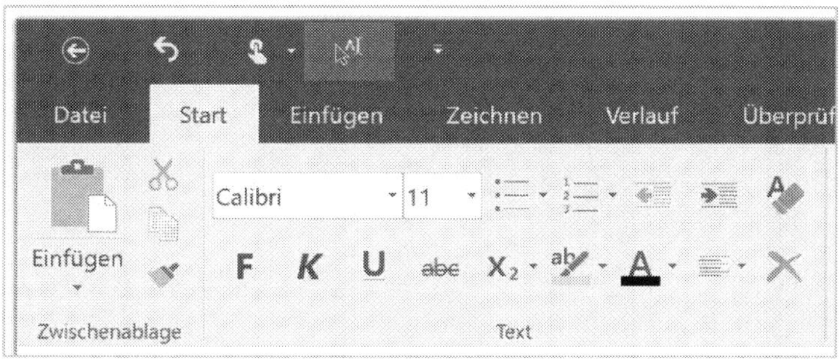

Abbildung 51: Text-Funktionen in OneNote 2016

Du solltest Dich mit den verschiedenen Möglichkeiten vertraut machen. Jedes der Symbole in der Leiste steht für eine bestimmte Funktion. Wenn Du mit dem Mauspfeil über ein Piktogramm fährst, erscheint eine Info-Box mit einer kurzen Erklärung zur jeweiligen Anpassung.

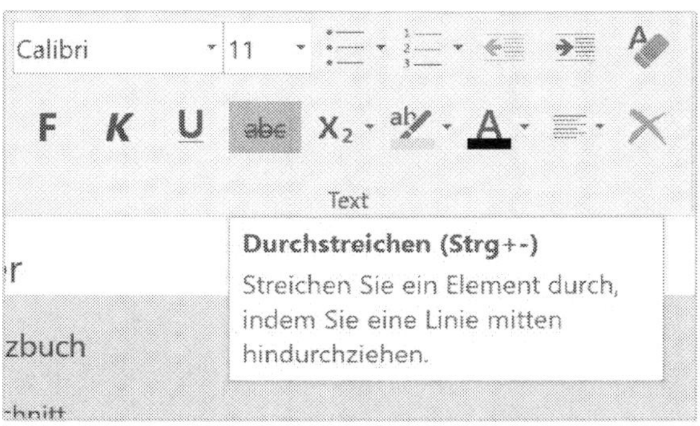

Abbildung 52: Info-Box für OneNote-Funktion

Ich möchte Dir nun beispielhaft erklären und zeigen, wie Du Deinen Text mit Hilfe dieser Funktionen anpassen kannst.

- Markiere zuerst den Textteil, den Du anpassen möchtest. Du kannst dazu zum Beispiel doppelt auf ein einzelnes Wort klicken oder mit gedrückter linker Maustaste über den gewünschten Textteil fahren.

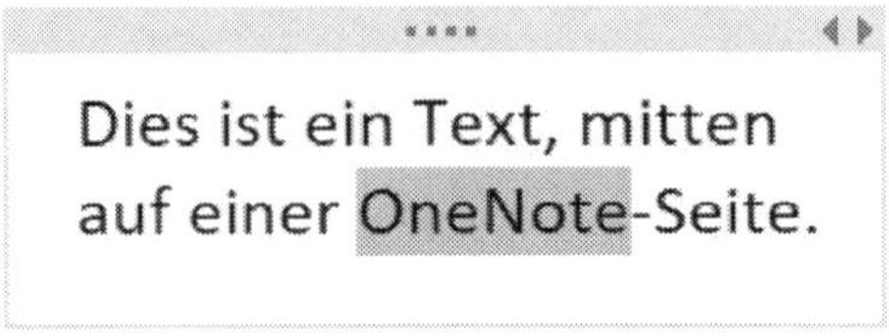

Abbildung 53: markierter Text in einem Container

- Wähle dann oben in der Leiste die gewünschte Funktion aus, zum Beispiel eine andere Schriftart oder die Funktion *„fett"* oder was auch immer Du mit dem markierten Text machen möchtest.

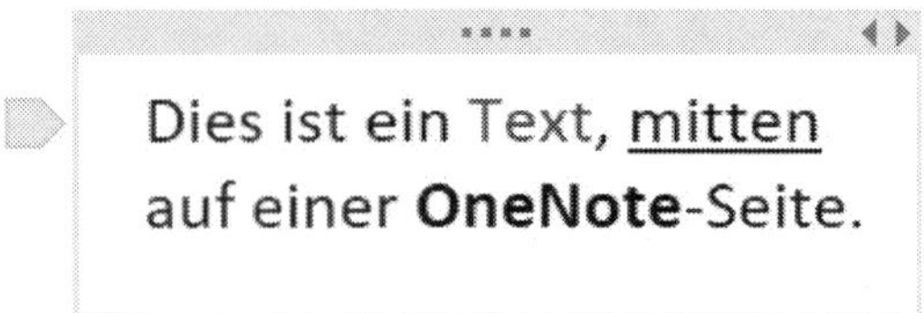

Abbildung 54: bearbeiteter Text im Container

Übrigens: Aus anderen *Windows*-Programmen kennst Du ja vielleicht schon die Tastenkombinationen *STRG + X* für *„Ausschneiden"*, *STRG + C* für *„Kopieren"* und *STRG + V* für *„Einfügen"*. Diese *Shortcuts* funktionieren auch in *OneNote* und helfen Dir dabei, markierte Textteile noch schneller zu bearbeiten oder zu verschieben.

Hilfreich ist immer auch die Tastenkombination *STRG + Z*: Mit ihr kannst Du alle Änderungen Schritt für Schritt rückgängig machen, wenn sie Dir nicht gefallen oder Du einen Fehler gemacht hast.

Mehr Tastenkürzel zum schnelleren Arbeiten mit *OneNote* zeige ich Dir am Ende dieses Praxis-Handbuchs.

Mehr Container, mehr Möglichkeiten

Ich habe es oben bereits erwähnt: Du bist in *OneNote* nicht auf ein Textfeld beschränkt. Du kannst an jeder beliebigen Stelle auf Deiner *OneNote*-Seite weitere Container einfügen.

Klicke dazu einfach mit dem Mauspfeil an eine andere Stelle auf der Seite und tippe einen weiteren Text ein. Das ist ein bisschen so, als würdest Du auf einer großen Tafel, einer Folie oder einem Whiteboard schreiben: Du entscheidest, an welcher Stelle Du etwas einfügst und weiterschreibst. Das kann gerade bei vielen einzelnen Notizen oder bei einer Stichwort-Sammlung sehr praktisch sein.

Abbildung 55: Stichwort-Sammlung auf einer OneNote-Seite

Ich habe Dir zu Beginn dieses Kapitels bereits gezeigt, wie Du Container einzeln verschiebst, vergrößerst oder bearbeitest. Du kannst auch mehrere Container auf einmal verschieben. Ziehe dazu mit gedrückter linker Maustaste einen Rahmen um die gewünschten Container. Sie sind nun gemeinsam markiert.

Abbildung 56: markierte Container mit Text

Du kannst die Container nun gemeinschaftlich verschieben oder auch die Eigenschaften für mehrere Textteile gleichzeitig ändern. Jede eingefügte Textbox kannst Du natürlich auch wieder löschen. Dazu brauchst Du in *OneNote* weder Radiergummi noch Tintenkiller: Markiere zuerst den Container, den Du löschen möchtest. Klicke dann entweder oben in der Funktionsleiste auf das Kreuz-Symbol für *„Löschen"* oder drücke auf Deiner Tastatur die Taste *„Entf"* für *„Entfernen"*.

In diesem Artikel hast Du gelernt, wie Du auf einer *OneNote*-Seite beliebige Texte an beliebigen Stellen einfügst. Du weißt nun, wie Du die Container verschieben, in der Größe verändern und wieder löschen kannst. Du kannst einzelne Wörter oder ganze Textpassagen auch markieren, optisch anpassen und hervorheben. Jetzt kennst Du also das wichtigste Handwerkszeug, um Deine *OneNote*-Seiten mit einfachen Inhalten zu füllen und Notizen zu hinterlegen.

Wie werden Deine *OneNote*-Seiten verlässlich gespeichert und auf allen Geräten synchronisiert? Das werde ich Dir im nächsten Kapitel verraten.

Speichern in *OneNote*: Notizbücher automatisch synchronisieren

Das Speichern von Inhalten funktioniert in *OneNote* anders als mit anderen typischen PC-Programmen. Wenn Du zum Beispiel mit *Word* oder *OpenOffice* einen Text erstellst, musst Du die aktuelle Datei in der Regel händisch sichern – spätestens beim Schließen des Programms. Wenn Du die Datei nicht speicherst, ist Dein mühsam verfasster Text im schlimmsten Fall komplett verschwunden. Dasselbe passiert auch, wenn das Programm mittendrin abstürzt.

Viele Menschen gewöhnen es sich deshalb an, Dateien regelmäßig zwischendurch zu speichern. Wer mit mehreren Computern arbeitet – zum Beispiel an einem Schreibtisch-PC und unterwegs an einem Laptop -, verbringt zudem wertvolle Zeit mit dem Hin- und Herschieben von Dateien. Viele nutzen dafür einen USB-Stick oder eine externe Festplatte. Als treuer Leser weißt Du ja schon, dass Du Dein Notizbuch deshalb in der Cloud *OneDrive* einrichten solltest.

Ich habe es Dir in diesem Buch schon mehrfach versprochen: *OneNote* will Dein Leben vereinfachen! *OneNote* kümmert sich ganz automatisch darum, neue Einträge und Änderungen in Deinen Notizbüchern zu sichern. Der Vorteil: Du musst nicht mehr selbst ans Speichern denken und auch keine Dateien mehr per USB-Stick hin und her kopieren.

OneNote synchronisiert automatisch

OneNote erkennt jede Änderung in Deinem Notizbuch innerhalb von wenigen Sekunden und wird dann von sich aus aktiv. Sobald Du im Desktop-Programm oder in der *OneNote*-App einen Abschnitt hinzufügst, einen Text bearbeitest oder eine Seite löschst, werden die Änderungen umgehend mit der Notizbuch-Version in der Cloud abgeglichen. *OneNote* synchronisiert die betreffenden Abschnitte und Seiten, so dass die neueste Version online gesichert ist. Auch bei lokal oder im Netzwerk gespeicherten Notizbüchern klappt das Speichern, ohne dass Du es manuell anstoßen musst.

OneNote zeigt Dir auch an, dass gerade eine automatische Synchronisierung läuft. Neben dem Notizbuch-Titel in der linken Spalte erscheint dann ein kleines grünes Rädchen. Sobald alle Änderungen mit dem Speicherort synchronisiert sind, verschwindet das Rädchen wieder.

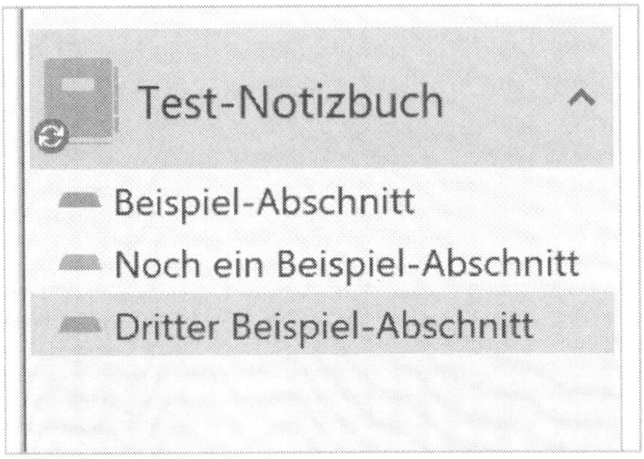

Abbildung 57: Symbol für die Synchronisierung

In früheren *OneNote*-Versionen (bis *OneNote 2010*) zeigt ein kleiner grüner Haken an dem Rädchen an, dass alle Änderungen gesichert wurden. Neuere Versionen verzichten darauf.

Wenn Du sicherstellen möchtest, dass *OneNote* alle Änderungen synchronisiert, kannst Du eine *„Zwangs-Synchronisierung“* anstoßen. Klicke dazu mit der rechten Maustaste auf das Notizbuch, dann auf den Eintrag *„Dieses Notizbuch jetzt synchronisieren“*. Alternativ funktioniert auch die Tastenkombination *SHIFT + F9*.

Synchronisierungs-Status im Überblick

Du kannst in *OneNote 2016* auch den aktuellen Synchronisierungs-Stand aller Notizbücher mit Datum und Uhrzeit ablesen und bei Bedarf zum Beispiel alle auf einmal synchronisieren. Das Fenster dafür öffnet sich, wenn Du mit der rechten Maustaste auf dem Notizbuch die Option *„Notizbuch-Synchronisierungsstatus“* auswählst. Hier werden Dir auch Fehlermeldungen angezeigt, wenn ein Problem beim Speichern auftritt.

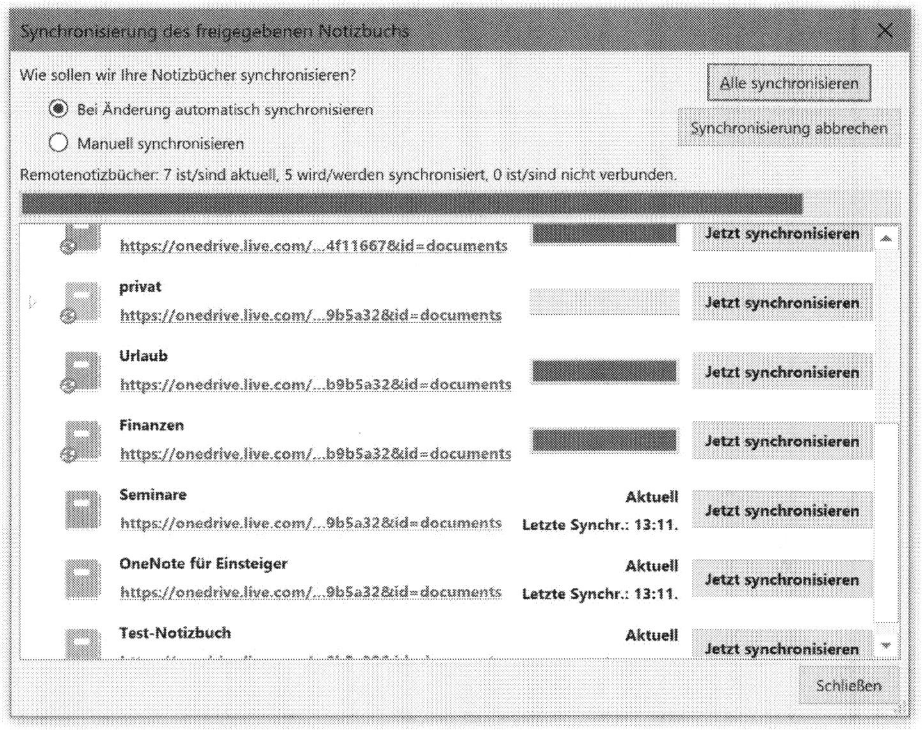

Abbildung 58: Synchronisierungs-Status aller Notizbücher einsehen

Vielleicht möchtest Du während der Arbeit in *OneNote* zwischendurch mal in anderen Notizbüchern, Abschnitten oder Seiten etwas nachschlagen oder Inhalte von dort kopieren. Auch dann musst Du nicht ständig ans Speichern denken. Du kannst innerhalb Deiner Notizbücher und den Abschnitten beliebig hin- und herspringen, ohne dass Inhalte verloren gehen.

Du wirst Dich schnell daran gewöhnen, dass *OneNote* die Speicherung und Synchronisierung automatisch für Dich übernimmt. So kannst Du Dich voll und ganz auf die Inhalte konzentrieren und sorgenfrei weitere Inhalte für Deine Notizbücher erstellen. Darum kümmern wir uns im folgenden Teil dieses Buchs.

Teil 3

Inhalte einfügen in *OneNote*

Tabellen in *OneNote* einfügen und bearbeiten

Auch in *OneNote* sind Tabellen eine sinnvolle Möglichkeit, um Informationen zu strukturieren oder bestimmte Daten und Zahlen übersichtlich darzustellen. *OneNote* gibt Dir die Möglichkeit, einfache Tabellen zu erstellen, die diesen Zweck gut erfüllen. In diesem Artikel erkläre ich Dir, wie Du auf einer *OneNote*-Seite eine Tabelle einfügst und bearbeitest.

Eines solltest Du aber vorab wissen: Die Design-Funktionen der einfachen Tabelle in *OneNote* kommen nicht ansatzweise an die umfangreichen Layout-Optionen in *Microsoft Word* heran. Auch für Kalkulationen wie in *Microsoft Excel* sind die Tabellen in *OneNote* nicht gedacht.

Es gibt auf einer *OneNote*-Seite zwei Möglichkeiten, eine einfache Tabelle zu erstellen. Beide möchte ich Dir in diesem Kapitel vorstellen.

OneNote-Tabelle per Tastatur-Eingabe

Wenn Du schon eine gute Vorstellung davon hast, wie Deine Tabelle aussehen soll, ist diese Methode sicher die schnellste. Dabei kommt die Tabulator-Taste auf der Tastatur zum Einsatz. Falls Du sie noch nicht kennst: Du findest sie in der Regel ganz links in der zweiten oder dritten Tastenreihe – meist mit zwei Pfeilen versehen.

Abbildung 59: Tabulator-Taste

Im folgenden Beispiel legen wir eine Tabelle für eine Geburtstagsliste an. Darin benötigen wir eine Spalte für die Nachnamen, eine Spalte für die Vornamen und eine Spalte für das jeweilige Geburtsdatum.

Tippe dafür auf einer neu angelegten *OneNote*-Seite zunächst den Nachnamen der ersten Person ein:

Abbildung 60: Nachname als Text

Drücke nun einmal die Tabulator-Taste. Sofort erstellt *OneNote* eine Tabelle mit einer zweiten Spalte.

Abbildung 61: zweite Spalte erstellt

Als nächstes gibst Du den Vornamen der Person ein, drückst wieder die Tabulator-Taste und gibst in der dritten Spalte das Geburtsdatum ein. Jetzt müsste die erste Zeile Deiner Tabelle so aussehen wie in dieser Abbildung:

Abbildung 62: Tabelle mit drei Spalten

Für die nächste Person willst Du eine neue Zeile erstellen. Per *Enter-/Return*-Taste – wie sonst am Ende einer Zeile – springt der Cursor unter die erste Zelle und erweitert Deine Tabelle wie gewünscht um eine weitere Zeile. So sieht das Ergebnis nun in *OneNote* aus:

Abbildung 63: zweite Zeile in der Tabelle

Jetzt kannst Du nach und nach alle Namen und Daten eingeben – komplett per Tastatur, also ohne per Mausklick zu den einzelnen Zellen zu springen.

Abbildung 64: Tabelle mit mehreren Zeilen und Spalten

OneNote-Tabelle über die Funktionsleiste erstellen

Vielleicht möchtest Du direkt eine größere Tabelle anlegen und die Zellen nicht einzeln und der Reihe nach, sondern flexibler mit Inhalten füllen. Dann könnte diese zweite Vorgehensweise die schlauere Methode für Dich sein.

In diesem Beispiel wollen wir einen Wochenplan für Deine Familie erstellen, in dem diverse Aktivitäten eingetragen werden können. Dazu gehört eine Kopfzeile für die Wochentage und eine erste Spalte für die verschiedenen Familienmitglieder.

In der *OneNote*-Funktionsleiste findest Du unter dem Reiter *„Einfügen"* die Möglichkeit, gezielt eine größere Tabelle zu erstellen. Wenn Du auf das Symbol *„Tabelle"* klickst, bekommst Du ein Raster angezeigt. Wähle für unser Beispiel genau sechs Spalten und fünf Zeilen aus.

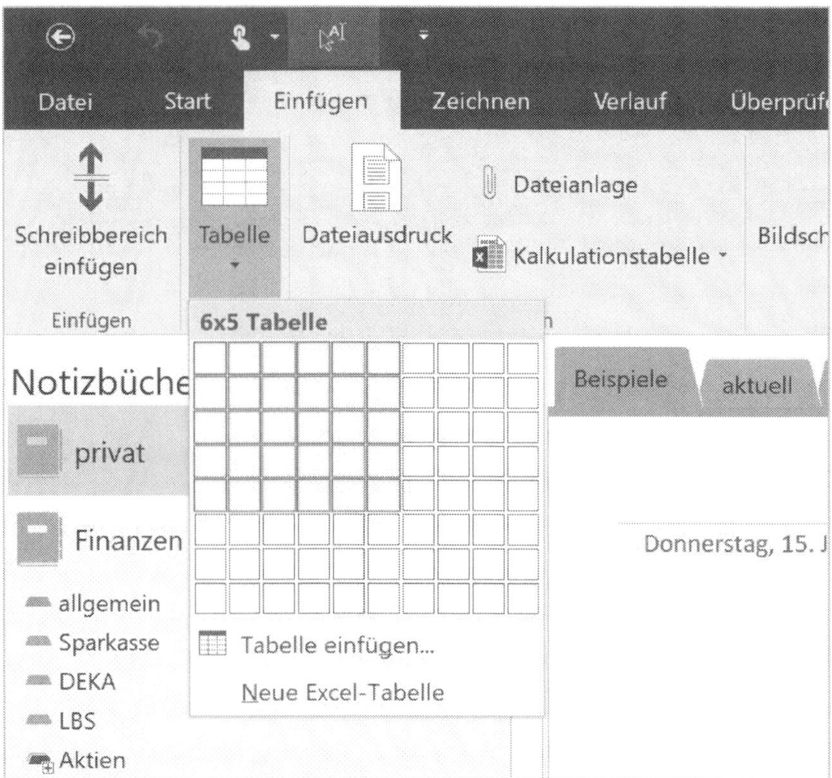

Abbildung 65: Tabelle in OneNote 2016 erstellen

OneNote setzt Deinen Wunsch umgehend um und erstellt auf der Seite die Tabelle nach Deinen Angaben. Du kannst direkt die Kopfzeile und die erste Spalte wie gewünscht ausfüllen.

Abbildung 66: Vorlage für einen tabellarischen Wochenplan

Du kannst die Tabelle natürlich jederzeit bearbeiten oder nach Belieben erweitern, zum Beispiel wenn Du mehr Aktivitäten unterbringen oder auch das Wochenende berücksichtigen willst. Sobald Du irgendwo in die Tabelle klickst oder tippst, erscheinen alle zusätzlichen Optionen für die Bearbeitung in der Funktionsleiste oben unter dem Reiter *„Layout“* (*OneNote 2016*) bzw. *„Tabelle“* (*OneNote*-App).

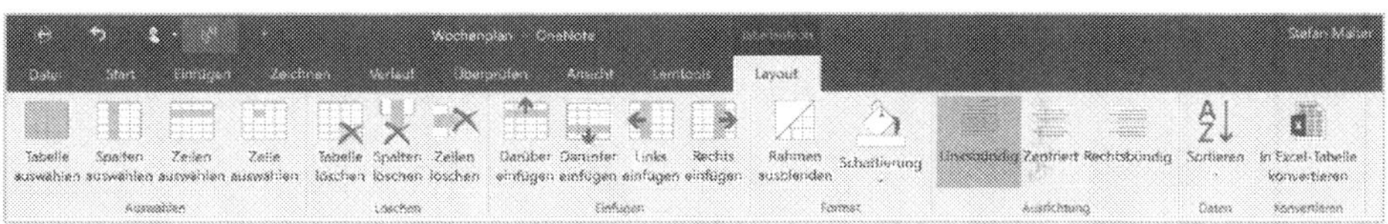

Abbildung 67: Tabellen-Funktionen in OneNote 2016

Ich empfehle Dir an dieser Stelle, Dich mit den verschiedenen Layout-Funktionen selbständig vertraut zu machen:

- Lösche einzelne Zeilen oder füge Spalten hinzu.
- Ziehe einzelne Zellen größer oder kleiner.
- Ändere die Ausrichtung von Text (linksbündig, mittig oder rechtsbündig).
- Gib einzelnen Zellen eine farbige Schattierung.

Du kannst also mit wenigen Handgriffen jede Tabelle in *OneNote* übersichtlich gestalten und so an Deine persönlichen Bedürfnisse anpassen.

Wochenplan

	Montag	Dienstag	Mittwoch	Donnerstag	Freitag
Mama	10:00 Arzttermin		08:30 Autowerkstatt	Geschenk für Oma besorgen	
Papa		19:00 Skat-Stammtisch			Müll rausbringen
Hannah	15:00 Schwimmen	16:30 Mathe-Nachhilfe		16:30 Fahrstunde	Pyjama-Party bei Clara
Tim			für Vokabeltest lernen (Englisch)	18:00 Fußballtraining	

Abbildung 68: tabellarischer Wochenplan mit farbig markierten Einträgen

Mit diesen einfachen Tabellen hast Du eine weitere Funktion kennengelernt, um Deine *OneNote*-Seiten sinnvoll mit Inhalten zu füllen. Tabellen können Dir dabei helfen, Listen, Rechnungen, Pläne und vieles mehr übersichtlicher zu gestalten.

Bilder und Fotos in *OneNote* einfügen

Du hast in diesem Buch bereits gelernt, wie Du verschiedene Texte auf einer *OneNote*-Seite einfügst und einfache Tabellen erstellst. Für die meisten Zwecke wie kurze Notizen, Listen oder Briefe reichen diese Funktionen meist schon aus.

In diesem Kapitel geht es um Bilder: Du kannst in Dein Notizbuch nämlich auch Fotos und Grafiken aller Art einfügen – bei Bedarf auch direkt per Kamera. So werden Deine *OneNote*-Seiten multimedial! Natürlich werde ich Dir alle Funktionen rund um Bilder in *OneNote* wieder anhand praktischer Beispiele vorstellen. Sicher fallen Dir beim Lesen weitere Anwendungsmöglichkeiten ein.

Bilder von der Festplatte einfügen

Für dieses Beispiel habe ich ein *OneNote*-Notizbuch für Kochrezepte angelegt. In diesem persönlichen Kochbuch sind Lieblingsrezepte zum Nachschlagen archiviert. Unter dem Abschnitt *„Nachspeisen"* gibt es bereits mehrere Seiten.

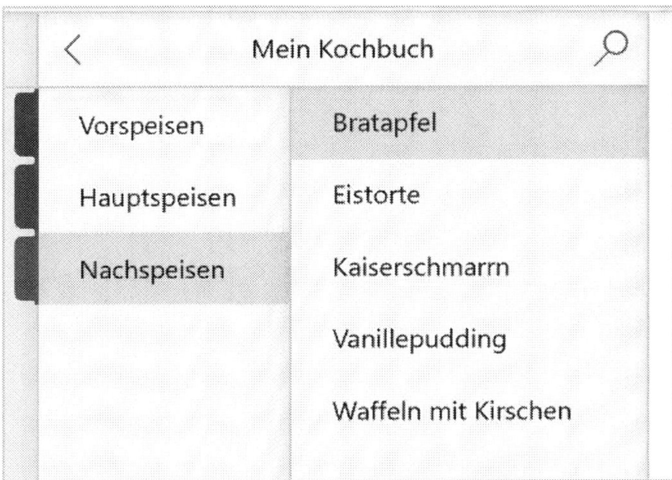

Abbildung 69: Notizbuch als Kochbuch in der OneNote-App

Auf jeder Seite ist ein bestimmtes Rezept hinterlegt – jeweils mit einer Zutatenliste in Tabellenform sowie einem Textabschnitt mit Hinweisen für die Zubereitung.

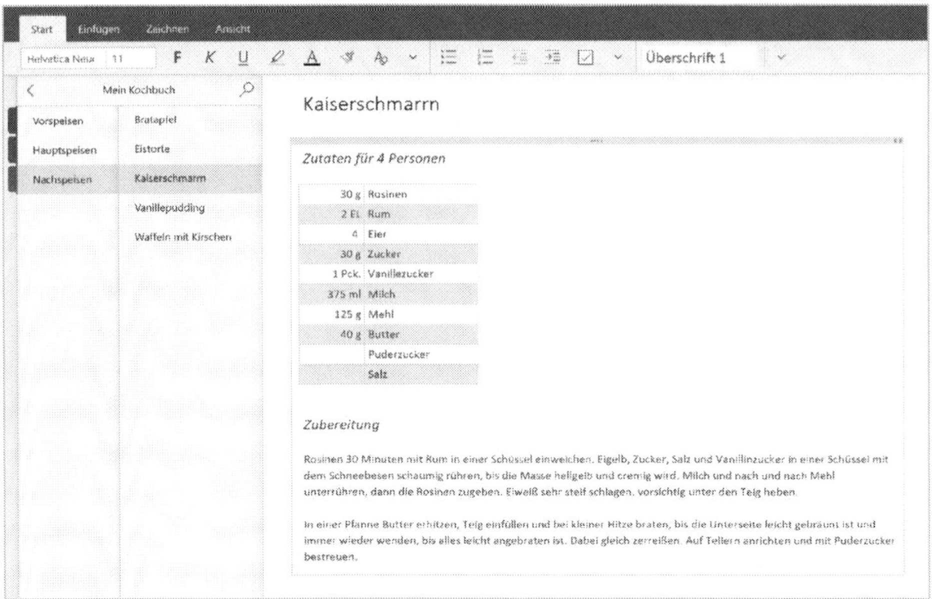

Abbildung 70: Rezept auf einer OneNote-Seite

Stell Dir vor, dass Du das Gericht bereits selbst gekocht hast. Du hast es danach fotografiert und möchtest die Bilder jetzt von der Festplatte auf der Seite neben dem entsprechenden Rezept einfügen. Das geht ganz einfach: Klicke auf der *OneNote*-Seite an die Stelle, an der Du das Foto einfügen möchtest. Dann wählst Du oben in der Funktionsleiste den Reiter *„Einfügen"* aus und klickst dort auf den Eintrag *„Bild"* (hier in der Mitte).

Abbildung 71: Funktion „Bild" in der OneNote-App

In der Desktop-Version von *OneNote* heißt das Symbol *„Bilder"*, hat aber natürlich dieselbe Funktion.

Nun öffnet sich ein Explorer-Fenster für die Datei-Auswahl. Solche Fenster kennst Du sicher von anderen Computer-Programmen. Klicke Dich zu dem Ordner auf der Festplatte durch, in dem das Foto gespeichert ist. Wähle die gewünschte Bilddatei aus und klicke zur Bestätigung auf *„Öffnen"*.

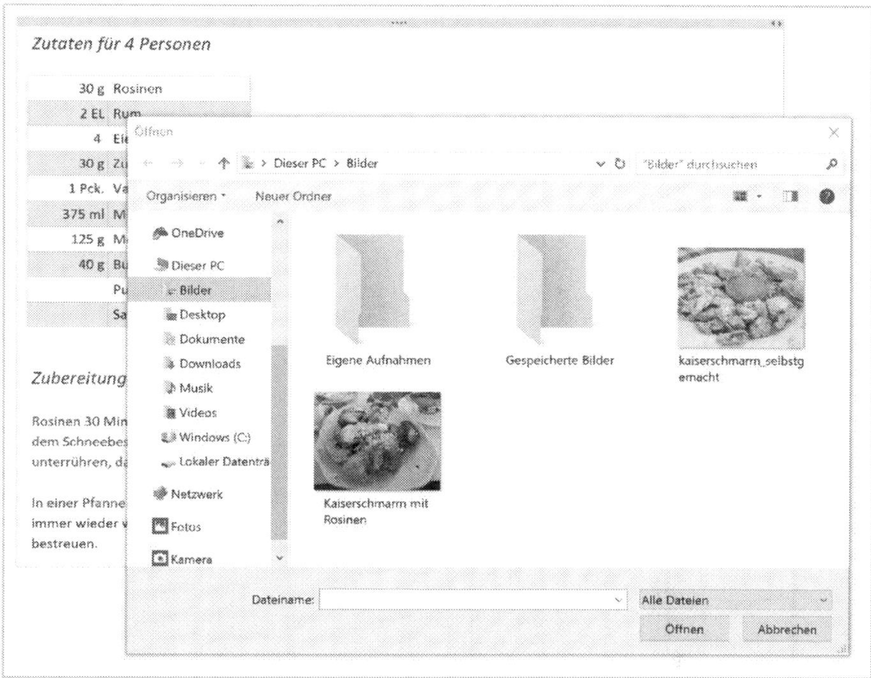

Abbildung 72: Bild auswählen im Windows Explorer

Fotos liegen ja meist als Datei mit der Endung JPG vor. Grafiken und Skizzen können zum Beispiel auch PNG- oder BMP-Dateien sein. Mit den meisten Arten von Bilddateien kann *OneNote* problemlos umgehen. Du musst Dir darüber also in der Regel keine Gedanken machen.

OneNote fügt das ausgewählte Bild direkt auf der aktuellen Seite ein, aber vermutlich nicht sofort in einer passenden Größe.

Abbildung 73: Bild auf einer OneNote-Seite eingefügt

Bilder in *OneNote* vergrößern, verkleinern, verschieben

Weißt Du noch, wie Du die Größe und die Position von Containern mit Text nachträglich verändert hast? Genau auf diese Weise kannst Du auch eingefügte Bilder verschieben, vergrößern oder verkleinern.

Gehe zum Beispiel mit dem Mauspfeil über einen Rand des Fotos, bis dort ein kleines Pfeil-Symbol erscheint. Halte nun die linke Maustaste gedrückt und bewege die Maus in eine beliebige Richtung. Das Foto verändert seine Größe mit der Bewegung. Lass die Maustaste einfach los, wenn Du mit der neuen Größe und Position zufrieden bist. Das funktioniert in ähnlicher Form übrigens auch per Touch-Bedienung mit dem Finger.

Abbildung 74: Bild verschoben und verkleinert

Dieses Beispiel-Foto zum Rezept sitzt nun an der richtigen Stelle. Du brauchst aber auch eine Lösung, falls Bilder auf einer Seite ungünstig gedreht eingefügt werden.

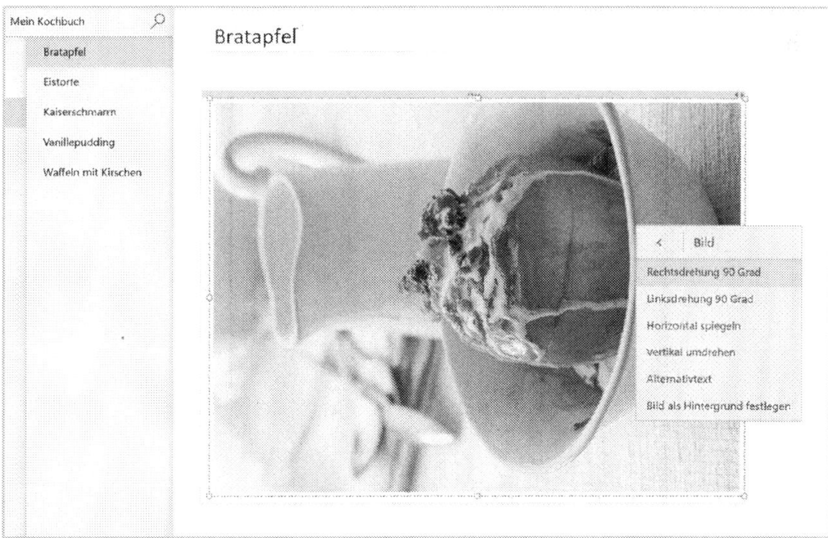

Abbildung 75: Bild im Querformat eingefügt

OneNote kann natürlich kein professionelles Bildbearbeitungsprogramm wie das berühmte *Adobe Photoshop* ersetzen. Einfache Funktionen wie das Drehen von Fotos sind aber überhaupt kein Problem. Klicke mit der rechten Maustaste auf das Foto oder halte es eine Weile mit dem Finger gedrückt. *OneNote* bietet Dir im Kontextmenü unter *„Bild"* bzw. *„Drehen"* die Möglichkeit, das Foto zu rotieren. Wähle die gewünschte Richtung aus, und schon steht Dein Foto wieder senkrecht.

Abbildung 76: gedrehtes Foto auf der OneNote-Seite

Fotos per Kamera in *OneNote* einfügen

Die meisten Smartphones und Tablet-PCs haben ja eine eingebaute Kamera. Du kannst die Kamera nutzen, um Fotos direkt aufzunehmen und ohne Umwege in *OneNote* einzufügen. Diese praktische Funktion ist aktuell nicht in der Desktop-Version von *OneNote* vorhanden, sondern nur in den *OneNote*-Apps für *iOS*, *Android* und *Windows 10 (Mobile)*.

Abbildung 77: Bild einfügen mit der OneNote-App

Du kannst also noch in der Küche einen Schnappschuss von dem entsprechenden Gericht machen und das Bild per App in *OneNote* einfügen. Tippe dazu auf das Kamera-Symbol unten in der Leiste und knipse das Bild dann so, wie Du es mit Deinem Smartphone oder Tablet-PC gewohnt bist. Das war's schon: Dein Foto wird auf der aktuellen *OneNote*-Seite eingefügt.

Was Du noch über Bilder in *OneNote* wissen solltest

Du kannst auch Fotos oder Grafiken aus dem Internet in *OneNote* hinterlegen. Ziehe das Bild einfach per Maus direkt aus dem Browser-Fenster auf eine *OneNote*-Seite. Das Bild wird direkt dort eingefügt. Alternativ klickst Du mit der rechten Maustaste auf das Bild im Internet-Browser, kopierst es und fügst es dann ebenfalls per Rechtsklick ein.

Wenn Du mehrere Bilder und Fotos auf einer Seite einfügst, können diese auch überlappen. Vielleicht möchtest Du die Anordnung ändern und ein Bild von hinten nach vorne holen. Klicke dazu mit der rechten Maustaste auf ein Foto: Dort kannst Du die Funktion *„Sortieren"* auswählen und dann die Anordnung der Bilder anpassen.

Ich habe Dir in diesem Buch bereits erklärt, dass Du Dich in *OneNote* nicht selbst ums Speichern von Inhalten kümmern musst. Das gilt nicht nur für Texte, sondern auch für Bilder: Fotos und Grafiken werden ebenso automatisch gespeichert und synchronisiert. So bleiben sie ein fester Bestandteil Deines Notizbuchs – zumindest solange Du es willst und sie nicht löschst.

Jetzt kennst Du die wichtigsten Funktionen, um *OneNote*-Seiten mit Bildern lebendig zu gestalten. Mit Fotos und Grafiken werden Deine digitalen Notizen und Unterlagen noch anschaulicher. Deiner Kreativität sind in *OneNote* also kaum Grenzen gesetzt!

Screenshots in *OneNote* einfügen

Die Screenshot-Funktion in *OneNote* benutze ich sehr häufig. Manchmal speichere ich so einen Teil einer Internetseite, um ihn zu archivieren oder Freunden zu zeigen. Manchmal möchte ich eine Grafik oder eine am Bildschirm gezeichnete Skizze unkompliziert verwahren. Manchmal möchte ich auch das Programmfenster einer Computer-Software dokumentieren – zum Beispiel für dieses *OneNote*-Buch.

Es gibt mehrere Wege, solche sogenannten *„Screenshots"* einfach zu erstellen und dauerhaft in Deinem *OneNote*-Notizbuch zu hinterlegen. Einige davon möchte ich Dir in diesem Buch vorstellen.

In diesem Beispiel wollen wir eine Wegbeschreibung sichern, die uns die Karten-App von *Windows 10* ausgespuckt hat. Wir wollen die Information in *OneNote* einfügen, um sie nach dem Synchronisieren auch offline auf einem Smartphone oder Tablet zur Verfügung zu haben.

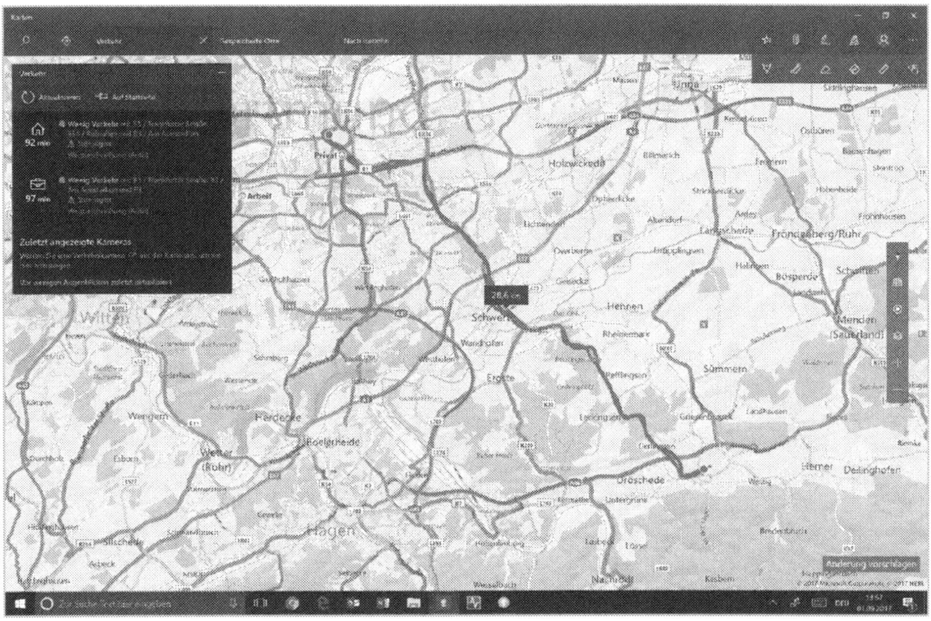

Abbildung 78: Wegbeschreibung in der Karten-App für Windows 10

Kompletten Screenshot in *OneNote* einfügen

Los geht's mit einer besonders einfachen Methode, mit der Du die aktuelle Bildschirmansicht der Karten-App quasi „abfotografieren" und dann direkt auf einer *OneNote*-Seite einfügen kannst.

Dazu benötigen wir die Taste *„Druck"* auf Deiner Tastatur. Sie ist in der Regel rechts oben neben den F-Tasten zu finden, bei Laptops teilt sie sich gerne auch den Platz mit einer F-Taste. Sobald Du die *„Druck"*-Taste einmal drückst, wird der komplette Bildschirminhalt als Grafik in die Zwischenablage Deines Computers kopiert.

Wechsle dann zu *OneNote*. Klicke an eine beliebige Stelle auf der aktuellen Seite und drücke dann die Tastenkombination *STRG + V* zum Einfügen. Sofort erscheint dort der Screenshot als Grafik – komplett mit Task-Leiste und sonstigen offenen Programm-Fenstern.

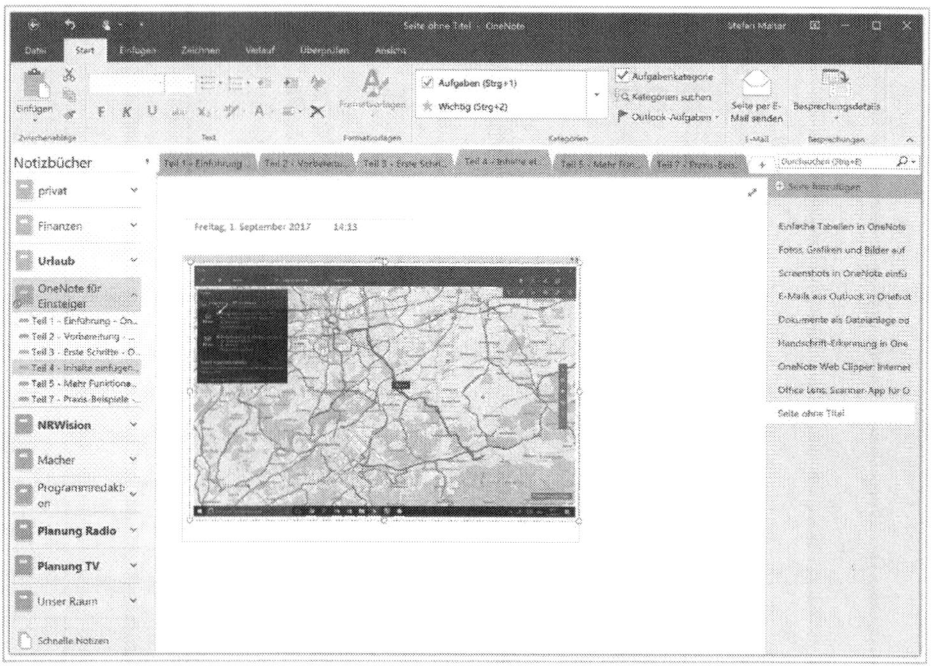

Abbildung 79: kompletter Screenshot in OneNote eingefügt

Diese Methode eignet sich, wenn Du wirklich die komplette Desktop-Ansicht als Screenshot in *OneNote* abspeichern möchtest. Seit dem vorherigen Kapitel weißt Du, wie Du Fotos, Grafiken und Bilder in ihrer Größe anpasst und nach Bedarf drehst. Das klappt auch mit diesem eingefügten Screenshot.

Funktion *„Bildschirmausschnitt"* in *OneNote*

Manchmal ist es sinnvoller oder ausreichend, nur einen Teil des Bildschirms als Screenshot zu sichern. Dann solltest Du Dich vielleicht für die Funktion *„Bildschirmausschnitt"* in *OneNote 2016* entscheiden. Du findest das dazugehörige Symbol oben in der Funktionsleiste unter dem Reiter *„Einfügen"*.

Abbildung 80: Bildschirmausschnitt in OneNote 2016

Sobald Du auf das Symbol klickst, tritt *OneNote* in den Hintergrund. Stattdessen bekommst Du das dahinterliegende Programmfenster mit aufgehelltem Bildschirm angezeigt. Du kannst nun exakt die Stelle auf dem Monitor ausschneiden, die Du in *OneNote* sichern möchtest.

Ziehe dafür mit gedrückter linker Maustaste einen Rahmen um die Stelle, die Du quasi ausschneiden möchtest. Das Fadenkreuz hilft Dir bei der Orientierung. Wenn Du die Maustaste loslässt, fügt *OneNote* diesen Ausschnitt sofort auf der aktuellen Seite ein. Das funktioniert mit jeder Art von Bildschirm-Inhalt, also zum Beispiel auch mit dem Ausschnitt einer Internetseite oder sonstigen Dokumenten.

Abbildung 81: Bildschirmausschnitt auf einer OneNote-Seite

OneNote-Symbol im Info-Bereich für Screenshots nutzen

Wenn Du *OneNote* auf einem *Windows*-PC nutzt, steht Dir ein kleines praktisches Helferlein zur Verfügung. Du findest es rechts unten im sogenannten Info-Bereich. Wenn Du es nicht sofort siehst, ist es ggf. versteckt und kann über den kleinen Pfeil eingeblendet werden.

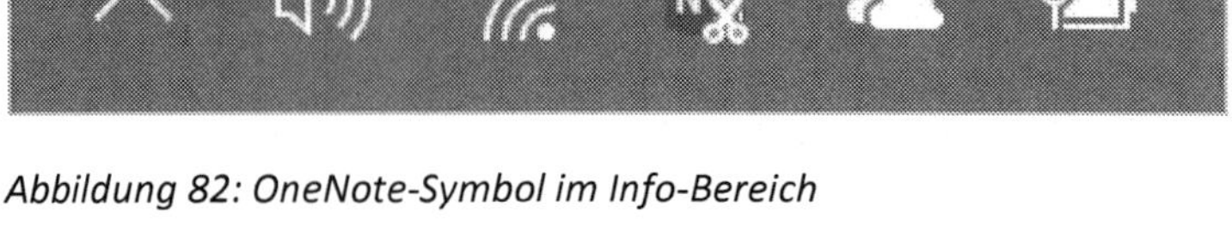

Abbildung 82: OneNote-Symbol im Info-Bereich

Sollte das Symbol dort noch nicht zu finden sein, kannst Du es über das Optionen-Menü in OneNote aktivieren (*Datei => Optionen => Anzeige => OneNote-Symbol im Infobereich der Taskleiste anzeigen*).

In der Standardeinstellung hat das Symbol noch eine andere Funktion: Wenn Du es anklickst, kannst Du spontane Gedanken in einer *„schnellen Notiz"* festhalten – ohne dafür *OneNote* eigens öffnen zu müssen. Du kannst diese Grundeinstellung aber ganz einfach ändern: Klicke mit der rechten Maustaste auf das Symbol. Unter *„Standardwerte für OneNote-Symbol"* kannst Du festlegen, dass damit ab sofort die Funktion *„Bildschirmausschnitt erstellen"* gestartet wird.

Immer wenn Du das Symbol nun anklickst, öffnet sich die weiße Fadenkreuz-Ansicht, die Du bereits kennst. Alternativ kannst Du Dir die Tastenkombination *„Windows-Taste + SHIFT + S"* merken, die auch die Screenshot-Funktion startet. Nun legst Du wie gewohnt einen bestimmten Bildschirmausschnitt fest. Im Anschluss kannst Du wählen, unter welchem *OneNote*-Abschnitt diese Grafik abgelegt werden soll.

Der Vorteil dieser Methode: Das Helferlein im Info-Bereich kannst Du auch dann nutzen, wenn die Desktop-Software gerade nicht geöffnet ist.

Noch einmal zu Erinnerung: Alle in *OneNote* eingefügten Grafiken und Bilder musst Du nicht noch einmal separat als Dateien speichern. *OneNote* integriert sie in Dein Notizbuch und synchronisiert sie automatisch mit der Cloud.

E-Mails aus *Outlook* in *OneNote* einfügen

Das E-Mail-Programm *Outlook* gehört zur *Office*-Familie von *Microsoft* – genau wie *OneNote*. Deshalb arbeiten beide Programme auch wunderbar zusammen. In diesem Kapitel zeige ich Dir, wie Du empfangene E-Mails direkt in Deinem digitalen *OneNote*-Notizbuch speichern und archivieren kannst. Voraussetzung für diesen Weg ist, dass Du die *Office*-Versionen von *OneNote* und *Outlook* auf Deinem PC installiert hast.

E-Mail-Postfächer sind ja oft hoffnungslos überfüllt. Viele Computer-Benutzer behalten alle wichtigen Nachrichten im Posteingang oder pflegen darin eine komplizierte Ordnerstruktur. Das Problem: Je voller Dein E-Mail-Postfach, desto langsamer startet und läuft *Outlook* auf Deinem PC.

Abbildung 83: Postfach in Microsoft Outlook

Ein E-Mail-Konto ist eben nicht als dauerhafter Speicherort für E-Mails und Anhänge gedacht. Außerdem kostet das Suchen von bestimmten Nachrichten oder Dateien immer wieder viel Zeit. Sinnvoller wäre es doch, wichtige E-Mails direkt bei den passenden Dokumenten abzulegen, z. B. in einem *OneNote*-Notizbuch.

Ein neues Beispiel: Viele Rechnungen bekommt man mittlerweile per E-Mail – beim Online-Shopping, vom Telefon-Anbieter oder rund um sonstige Verträge. In *OneNote* könntest Du all diese Rechnungen übersichtlich archivieren und hast so jederzeit bequem alle Ausgaben im Blick. Ich habe für diesen Zweck mal ein neues Notizbuch in *OneNote* erstellt und passend dazu neue Abschnitte eingerichtet.

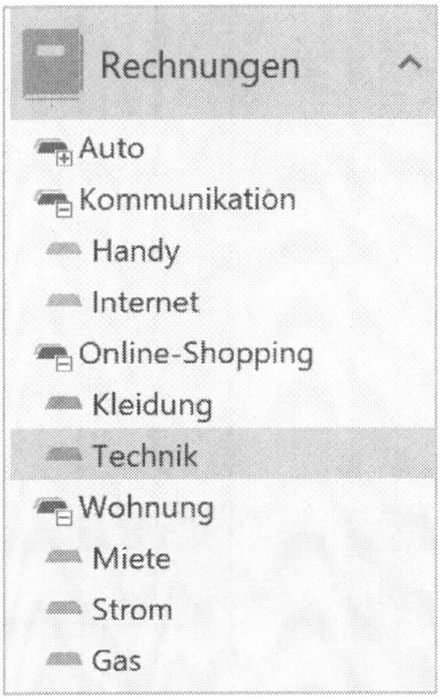

Abbildung 84: Beispiel-Notizbuch in OneNote 2016

Ein Online-Shop hat Dir per E-Mail eine Rechnung gesendet. Diese Nachricht willst Du nicht (oder nicht nur) im mehr als überfüllten *Outlook*-Postfach aufbewahren.

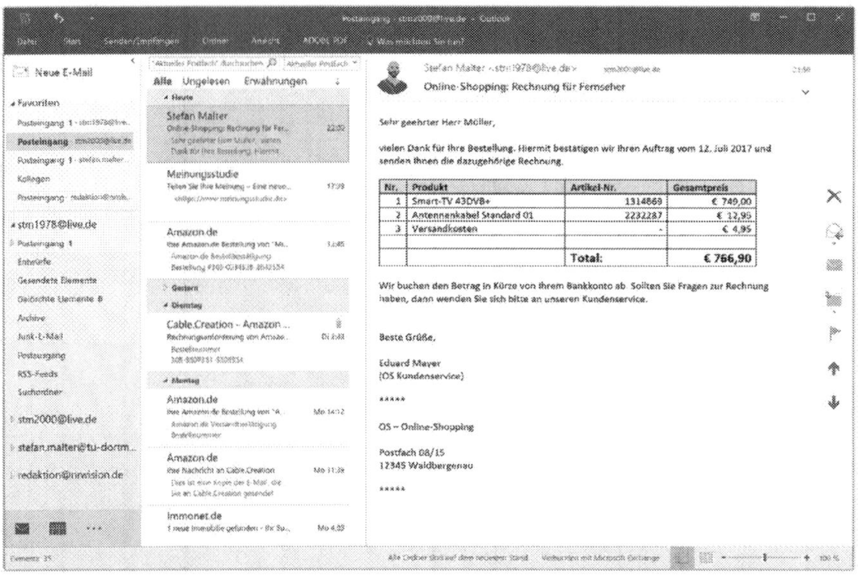

Abbildung 85: Rechnung in Microsoft Outlook

Nachricht aus *Outlook* an *OneNote* weitergeben

Klicke im *Outlook*-Postfach mit der rechten Maustaste auf die E-Mail. Das Kontextmenü mit möglichen Optionen öffnet sich. Wenn *Microsoft Office* richtig installiert ist, erscheint dort ein Menü-Eintrag für *OneNote*.

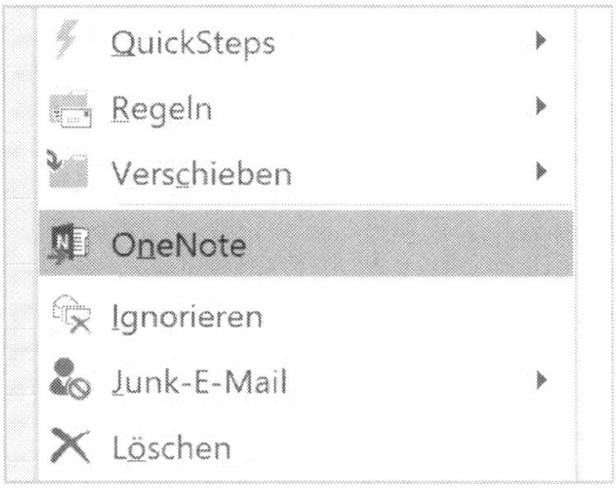

Abbildung 86: OneNote im Kontextmenü von Outlook

Alternativ gibt's die Funktion *„An OneNote senden"* in der Menü-Leiste ganz oben unter dem Reiter *„Start"*.

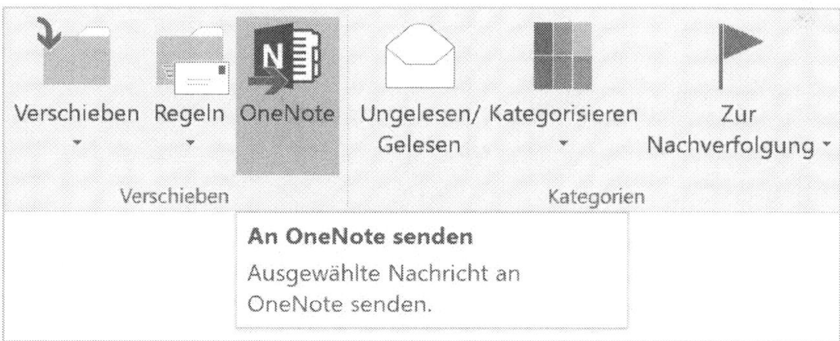

Abbildung 87: "An OneNote senden" in Outlook 2016

Nun öffnet sich ein Auswahl-Fenster. Du kannst darin bestimmen, unter welchem Notizbuch-Abschnitt Du die markierte E-Mail einfügen möchtest.

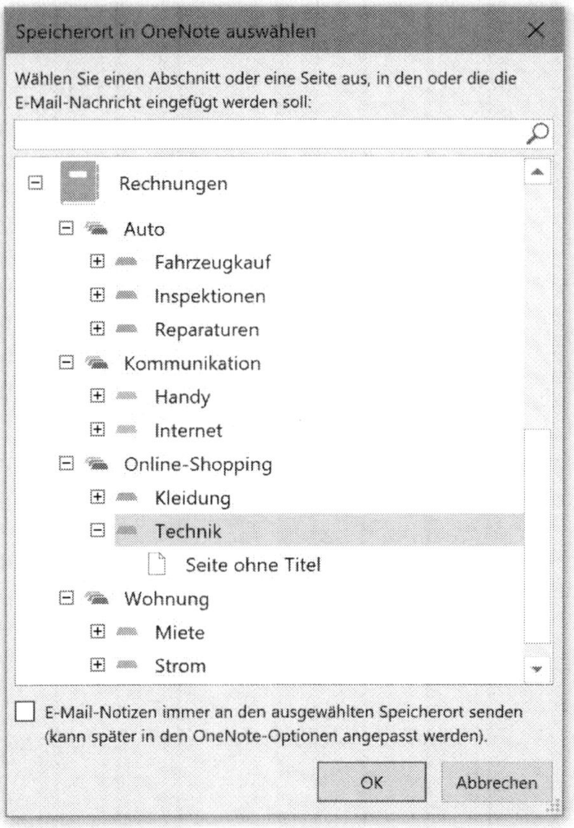

Abbildung 88: Speicherort in OneNote auswählen

Nach einem Klick auf *„OK"* sendet *Outlook* die E-Mail wie gewünscht an *OneNote*. Dazu legt das Programm im ausgewählten Abschnitt eine neue Seite mit dem Inhalt der Nachricht an. (Die ursprüngliche Nachricht bleibt weiterhin im Posteingang von *Outlook*, wenn Du sie dort nicht löschst.)

OneNote übernimmt beim Übertragen der E-Mail ins Notizbuch den Adresskopf und das Layout der ursprünglichen Nachricht. Natürlich kannst Du den angezeigten Inhalt bei Bedarf bearbeiten, indem Du zum Beispiel unnötige Informationen oder Werbebanner aus der E-Mail löschst oder persönliche Notizen für die bessere Einordnung des Textes einfügst.

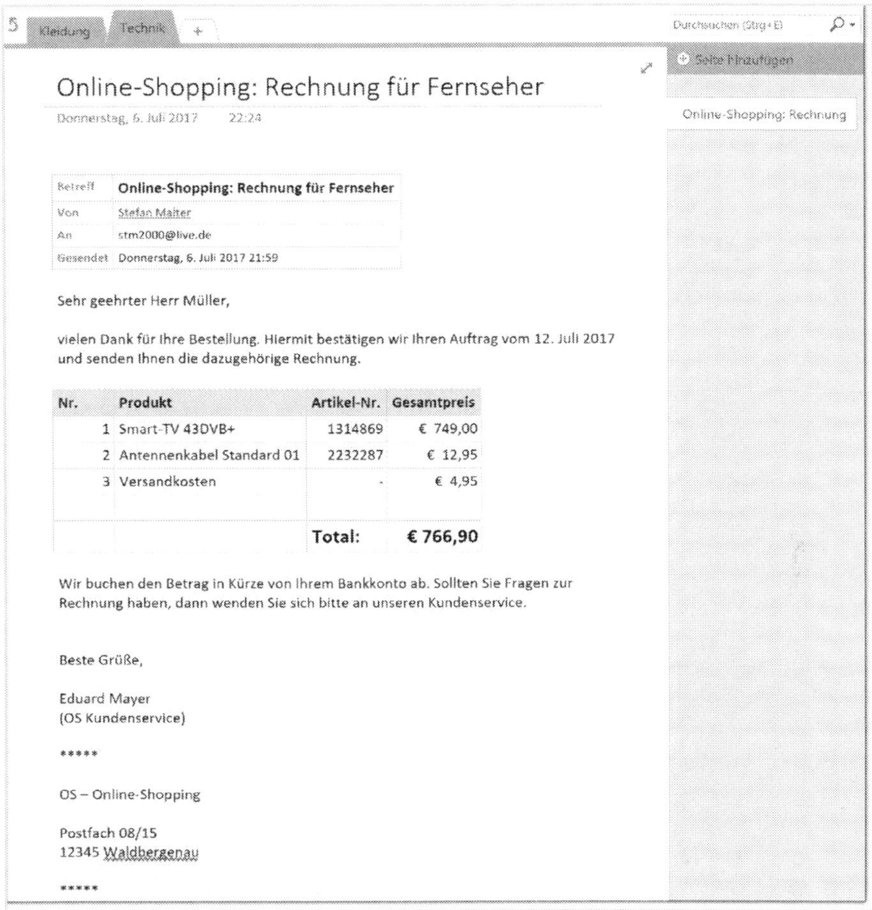
Kleidung | Technik

Online-Shopping: Rechnung für Fernseher

Donnerstag, 6. Juli 2017 22:24

Betreff	**Online-Shopping: Rechnung für Fernseher**
Von	Stefan Maiter
An	stm2000@live.de
Gesendet	Donnerstag, 6. Juli 2017 21:59

Sehr geehrter Herr Müller,

vielen Dank für Ihre Bestellung. Hiermit bestätigen wir Ihren Auftrag vom 12. Juli 2017 und senden Ihnen die dazugehörige Rechnung.

Nr.	Produkt	Artikel-Nr.	Gesamtpreis
1	Smart-TV 43DVB+	1314869	€ 749,00
2	Antennenkabel Standard 01	2232287	€ 12,95
3	Versandkosten	-	€ 4,95
		Total:	**€ 766,90**

Wir buchen den Betrag in Kürze von Ihrem Bankkonto ab. Sollten Sie Fragen zur Rechnung haben, dann wenden Sie sich bitte an unseren Kundenservice.

Beste Grüße,

Eduard Mayer
(OS Kundenservice)

*****

OS – Online-Shopping

Postfach 08/15
12345 Waldbergenau

*****

Abbildung 89: E-Mail in OneNote 2016 eingefügt

Genauso kannst Du zum Beispiel auch spannende Newsletter, Job-Informationen, Urlaubsbuchungen oder persönliche Liebes-Botschaften in *OneNote* archivieren und so dauerhaft Dein Mail-Postfach entlasten. Sammle alle Informationen direkt dort, wo sie inhaltlich hingehören und wo Du sie wiederfinden willst.

Übrigens: Wenn Du Deine *OneNote*-Notizbücher in der Cloud speicherst und in demselben *Microsoft*-Konto auch das Mail-Postfach *Outlook.com* nutzt, klappt das Speichern von E-Mails online reibungslos. Klicke im Browser ebenfalls mit der rechten Maustaste auf die Nachricht und wähle *„In OneNote speichern"* aus.

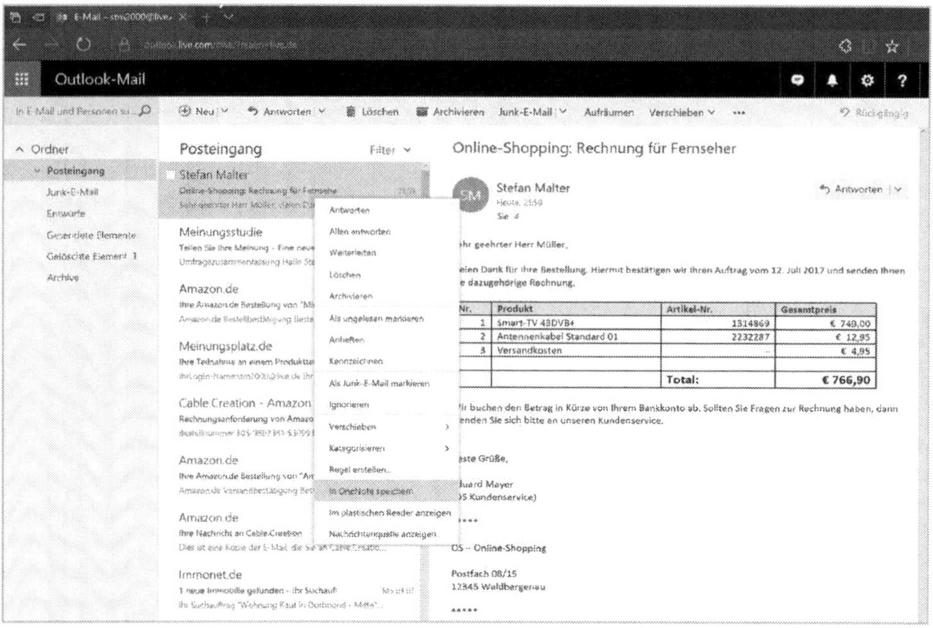

Abbildung 90: OneNote-Funktion in Outlook Online

Du kannst danach wieder selbst entscheiden, in welchem Notizbuch-Abschnitt die markierte E-Mail gespeichert werden soll.

Vielleicht nutzt Du nicht *Outlook*, sondern ein alternatives E-Mail-Programm. Bei Privat-Anwendern ist zum Beispiel das kostenlose *Thunderbird* von *Mozilla* sehr beliebt. Mit ein bisschen Glück findest Du im Internet eine passende Erweiterung, mit der Du Nachrichten ebenfalls direkt an *OneNote* senden kannst. Engagierte Programmierer veröffentlichen immer wieder praktische Add-In-Lösungen wie zum Beispiel *„Bring to OneNote"*.

PDF-Dateien in *OneNote* einfügen

Ein *OneNote*-Notizbuch ist der perfekte Ort, um Dokumente aller Art zu archivieren. Dazu gehören auch PDF-Dateien, die ja im digitalen Austausch sehr verbreitet sind. PDF-Dateien haben ein festes Layout und kommen zum Beispiel bei Online-Rechnungen, Gebrauchsanweisungen oder E-Books zum Einsatz. Man kann sie nicht ohne spezielle Software bearbeiten.

Wenn Du PDF-Dokumente in *OneNote* importierst, kannst Du sie durchblättern und lesen, ohne die Dateien einzeln mit einem Programm wie z. B. dem bekannten *Acrobat Reader* öffnen zu müssen. Du kannst jederzeit und von jedem Gerät aus auf die Unterlagen zugreifen und musst keine Ordner, Ablagefächer oder Papierstapel mehr wälzen. *OneNote* macht Text-Passagen in Deinen PDF-Dateien sogar durchsuchbar. Außerdem kannst Du per Stift oder Finger handschriftliche Notizen oder Skizzen hinzufügen.

Ich selbst nutze diese Funktion für nahezu alle wichtigen PDF-Dokumente, die mich im Alltag erreichen: Strom-Abrechnungen, Bahntickets, Fortbildungsnachweise oder Briefe meiner Kfz-Versicherung landen auf diesem Weg in meinen Online-Notizbüchern. Wie Du PDF-Dateien in *OneNote* einfügen und sinnvoll nutzen kannst, erkläre ich Dir in diesem Kapitel.

Schritt-für-Schritt-Anleitung

Ich beginne wieder mit einem typischen Beispiel aus der Praxis: Du kaufst etwas bei einem Händler im Internet. Der Online-Shop schickt Dir daraufhin die Rechnung als PDF-Datei. Damit die Rechnung im Garantiezeitraum nicht abhandenkommt, möchtest Du sie in *OneNote* speichern. So musst Du sie nicht unnötig ausdrucken und hast sie bei Bedarf sofort zur Hand.

Gehe zunächst in *OneNote* zu dem Notizbuch-Abschnitt, in dem Du das PDF-Dokument einfügen möchtest. Erstelle dort eine neue Seite. Wechsle dann in der Funktionsleiste oben zum Reiter *„Einfügen“* und klicke auf das Symbol mit der Beschriftung *„Dateiausdruck“*. In der *OneNote*-App tippst Du dort erst auf *„Datei“* und dann auf *„PDF-Druck einfügen“*.

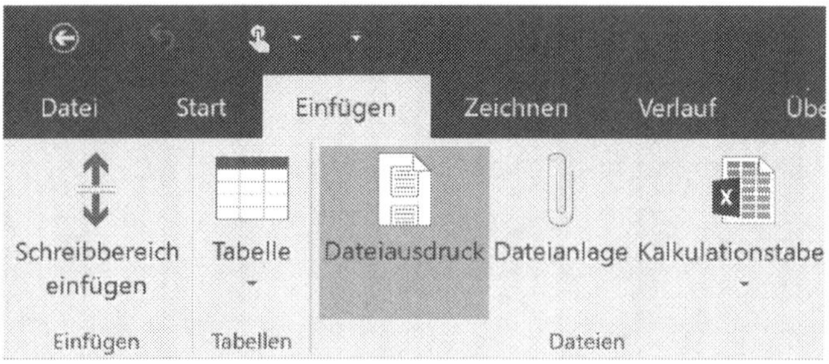

Abbildung 91: Funktion „Dateiausdruck" in OneNote 2016

Suche im Explorer-Fenster den entsprechenden Speicherort und wähle die PDF-Datei aus. *OneNote* fügt dann auf der aktuellen Seite sowohl ein Symbol für die Datei selbst ein sowie das Dokument als digitalen Ausdruck direkt darunter.

Abbildung 92: PDF-Datei mit virtuellem Ausdruck in OneNote

Per Doppelklick auf das Icon kannst Du die PDF-Datei jederzeit von hier aus öffnen. *OneNote* hat sie ins Notizbuch integriert und wird sie mit der Cloud synchronisieren. Eigentlich musst Du die ursprüngliche Datei nun gar nicht mehr zusätzlich in einem anderen Ordner speichern.

Unter dem Symbol wird ein virtueller Ausdruck des Dokuments in Form einer Bild-Datei angezeigt. Das klappt auch bei PDF-Dokumenten mit mehreren Seiten sowie bei *Word*- und *Excel*-Dateien. Wie bei Fotos und Grafiken kannst Du die Größe des angezeigten Bildes ändern oder den Ausdruck an eine andere Position verschieben.

Weitere Funktionen für PDF-Dateien in *OneNote*

Ich bin immer wieder beeindruckt, wie gut die automatische Texterkennung in *OneNote* funktioniert. *OneNote* kann die Schrift auf dem virtuellen Dateiausdruck (und anderen Bildern) quasi lesen und Dir als reinen Text zur Verfügung stellen.

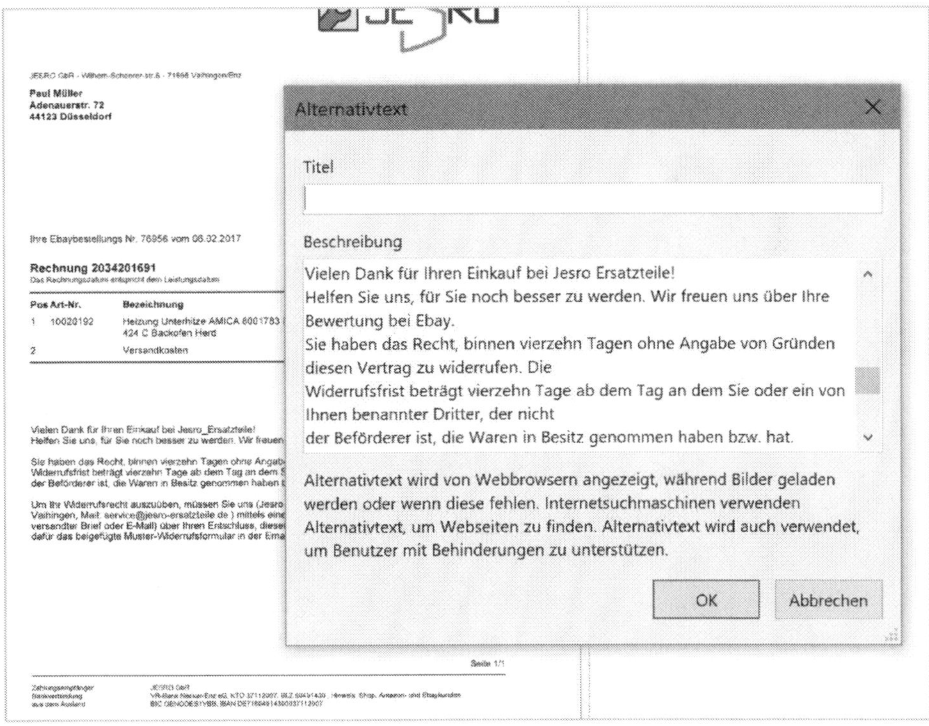

Abbildung 93: Alternativtext in OneNote 2016

Klicke mit der rechten Maustaste auf das Bild und wähle in dem Kontextmenü die Funktion *„Alternativtext“* aus. In einem neuen Fenster erscheint der erkannte Text – in der Regel und je nach Qualität der PDF-Datei weitgehend fehlerfrei (s. o.).

Das hat einige Vorteile, zum Beispiel bei der Suchfunktion: Wenn Du Deine Notizbücher nach bestimmten Begriffen durchforstest, werden auch Ergebnisse aus solchen Dateiausdrucken angezeigt. Das ist wirklich praktisch, wenn Du viele PDF-Dokumente in *OneNote* archivierst. Du kannst den erkannten Text auch in dem Alternativtext-Fenster markieren, kopieren und dann zum Beispiel in einem anderen Programm wieder einfügen oder bearbeiten.

Vielleicht möchtest Du bestimmte Passagen in der PDF-Datei hervorheben oder markieren. Für diesen Zweck bieten sich vor allem die Zeichnen-Funktionen von *OneNote* an.

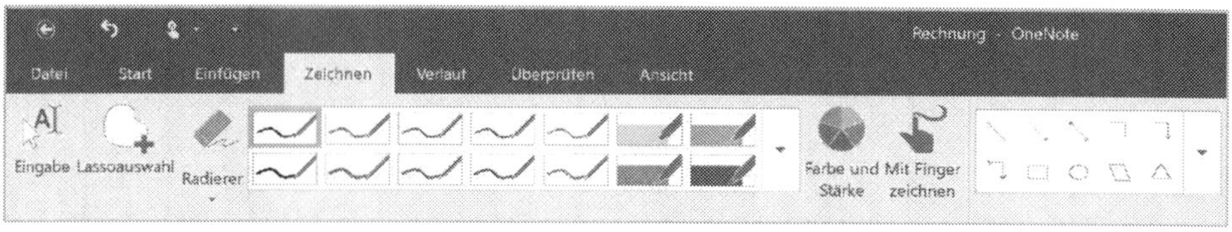

Abbildung 94: Zeichnen in OneNote 2016

Auf dem Reiter in der Funktionsleiste oben stehen verschiedene Stifte, Formen und Farben zur Verfügung. Vielleicht hast Du sogar ein Grafiktablett oder einen Tablet-PC mit Stiftbedienung zur Verfügung. Dann kannst Du Deine Anmerkungen intuitiv per Handschrift einfügen. Ich stelle Dir die Funktionen rund ums Zeichnen in einem späteren Kapitel noch ausführlicher vor.

Einen Praxis-Tipp habe ich noch für Dich: Wenn Du den Dateiausdruck nachträglich verschiebst oder die Größe änderst, verrutschen alle eingefügten Notizen und beziehen sich im schlimmsten Fall nicht mehr auf die richtigen Stellen im Dokument. Das kannst Du vermeiden, indem Du den Dateiausdruck vorher als Hintergrund der aktuellen *OneNote*-Seite festlegst. Klicke dazu wieder mit der rechten Maustaste auf das Bild oder halte es mit dem Finger eine Weile gedrückt. Wähle dann die entsprechende Funktion im Kontextmenü aus.

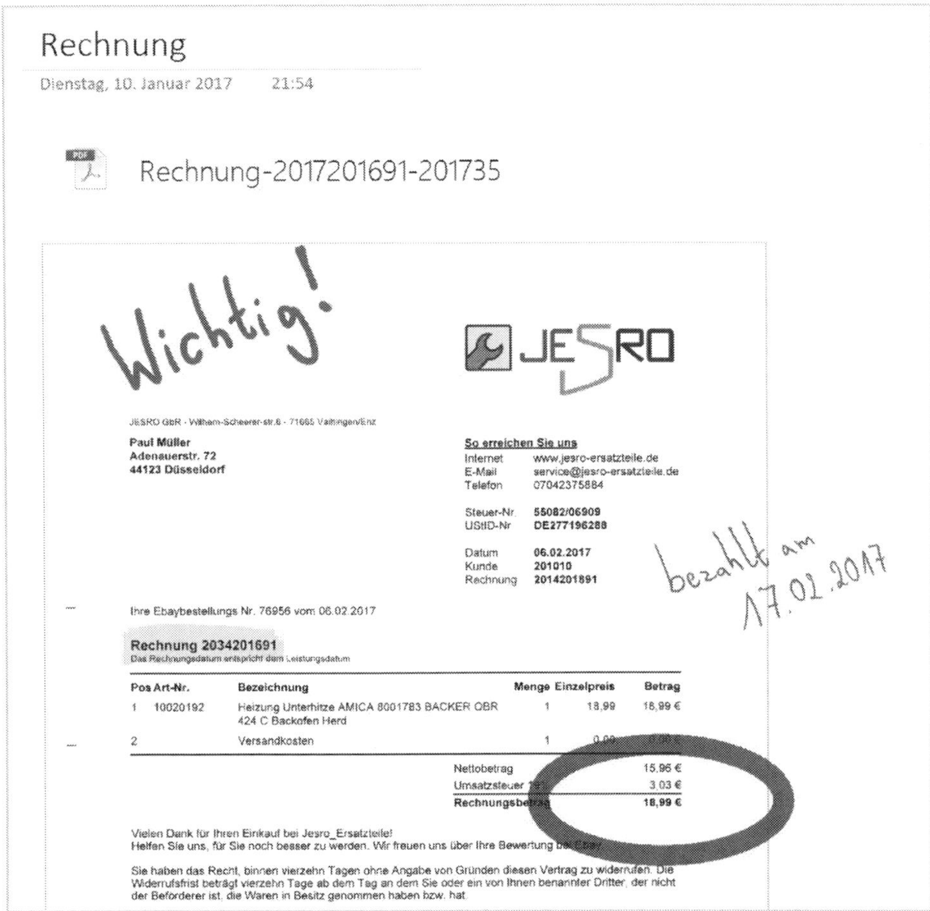

Abbildung 95: Notizen auf einem PDF-Dokument in OneNote

Du findest noch weitere Funktionen rund um Dateiausdrucke im Kontextmenü. Sie sind in der Regel selbsterklärend. Probiere sie einfach mal aus!

Übrigens: Wie Du umgekehrt aus Deinen *OneNote*-Seiten nutzbare PDF-Dateien erstellst, zeige ich Dir später auch noch in diesem Buch.

OneNote Web Clipper: Webseiten speichern

Ich habe es hier im Buch schon mehrfach geschrieben: *OneNote* ist der perfekte Speicherort für alle Arten von Informationen. Dazu gehören auch Fundstücke aus dem Internet. In diesem Kapitel stelle ich Dir ein praktisches Zusatz-Tool vor, mit dem Du Websites auf verschiedene Arten in *OneNote* speichern kannst: den *OneNote Web Clipper*.

Im Internet sind viele spannende Inhalte nur wenige Mausklicks entfernt. Dank *Google*, *Wikipedia* und Co. kannst Du Dich nahezu unendlich durchs Netz treiben lassen. Manchmal stößt Du dabei auf Artikel, die Du vielleicht gerne für später aufbewahren möchtest.

Du könntest die jeweilige Website als Lesezeichen in Deinem Browser speichern. So kannst Du sie aber später nicht offline lesen. Und: Wenn die Seite irgendwann nicht mehr im Netz verfügbar ist, bringt Dir das Lesezeichen auch nichts mehr.

Alternativ könntest Du die Internetseite ausdrucken. Als *OneNote*-Nutzer wollen wir aber ja möglichst papierlos leben und Dokumente prinzipiell digital zur Verfügung haben. Das ist also auch nicht die ideale Lösung.

Für diesen Zweck gibt es den *OneNote Web Clipper*. Das praktische Tool wird direkt von *Microsoft* entwickelt und ist eine kostenlose Erweiterung für die bekanntesten und beliebtesten Internet-Browser. Ob *Chrome*, *Firefox*, *Opera*, *Safari* oder *Edge*: Die Chance ist hoch, dass Du eines dieser Programme auf Deinem Computer nutzt, um im Internet zu surfen.

OneNote Web Clipper installieren

Am einfachsten installierst Du den *OneNote Web Clipper*, indem Du die offizielle Internetseite des Tools besuchst:

- ✓ *OneNote Web Clipper*: **https://www.onenote.com/clipper**

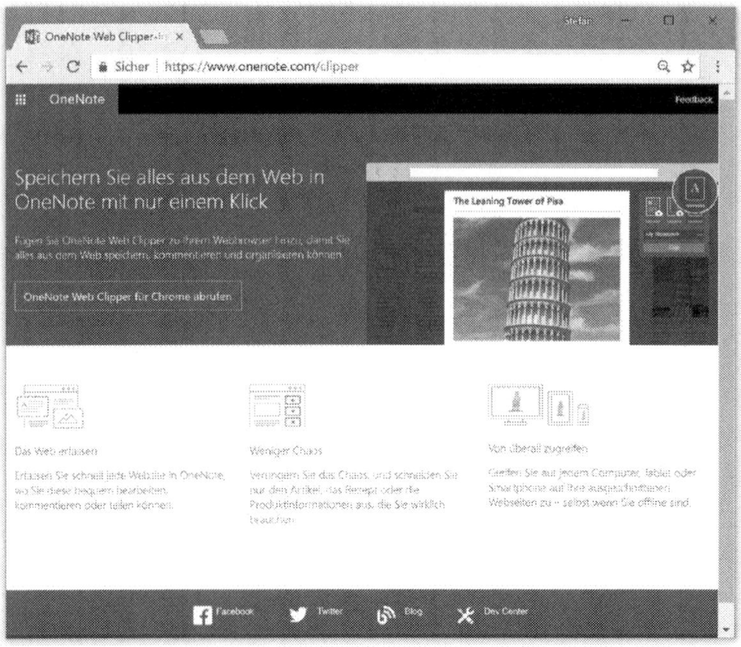

Abbildung 96: Offizielle Website zum OneNote Web Clipper in Chrome

Lies Dir auch gerne die weiteren Informationen auf der Seite durch. Dort werden bereits einige Funktionen der Erweiterung vorgestellt. So bekommst Du einen ersten Eindruck von den Möglichkeiten des *OneNote Web Clipper*.

Die Installation läuft in allen Internet-Browsern nahezu gleich ab. Klicke links auf die lilafarbene Schaltfläche *„OneNote Web Clipper für ... abrufen"* und bestätige im nächsten Schritt das Hinzufügen der Erweiterung. Nach kurzer Zeit findest Du ein kleines *OneNote*-Symbol in der Browser-Leiste oben rechts in der Funktionsleiste.

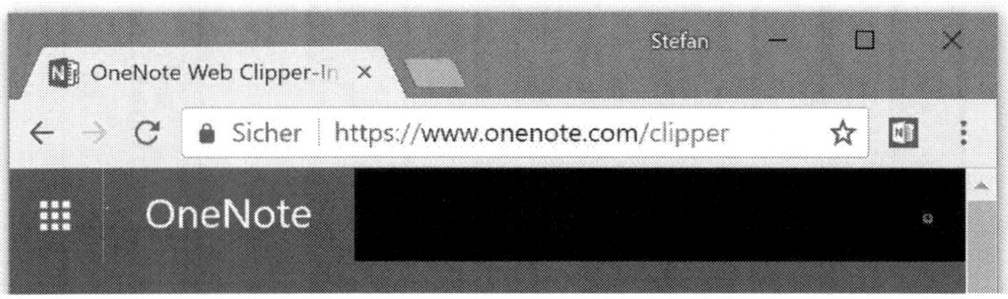

Abbildung 97: OneNote-Symbol im Internet-Browser (rechts oben)

Zuletzt musst Du Dich noch mit Deinem *Microsoft*-Konto verbinden, damit der *Web Clipper* ab sofort auf Deine *OneNote*-Notizbücher in der Cloud zugreifen kann. (Lokal gespeicherte Notizbücher kannst Du mit dem Tool leider nicht verbinden.) Klicke auf das *OneNote*-Icon der Erweiterung und wähle dann aus, wie Du Dich anmelden möchtest – als Heimanwender vermutlich mit der oberen Option.

Abbildung 98: Anmeldung im OneNote Web Clipper

Im darauffolgenden Login-Fenster musst Du Deine persönlichen Zugangsdaten und das dazugehörige Kennwort eingeben. Du kannst das eingetragene Benutzerkonto später jederzeit wechseln oder Dich wieder komplett abmelden.

Website-Artikel in *OneNote* ablegen

Für den Einsatz des *OneNote Web Clipper* kann es verschiedene Anlässe geben. Vielleicht möchtest Du Kochrezepte aus dem Internet in einem digitalen Notizbuch archivieren. Du könntest in *OneNote* auch Geschenk-Ideen von verschiedenen Shopping-Seiten im Netz sammeln. In diesem Beispiel stellen wir Informationen über eine bevorstehende Urlaubsreise nach Paris zusammen. Dank *Google* oder *Bing* wirst Du bei der Auswahl der wichtigsten Sehenswürdigkeiten wie dem berühmten Eiffelturm schnell fündig.

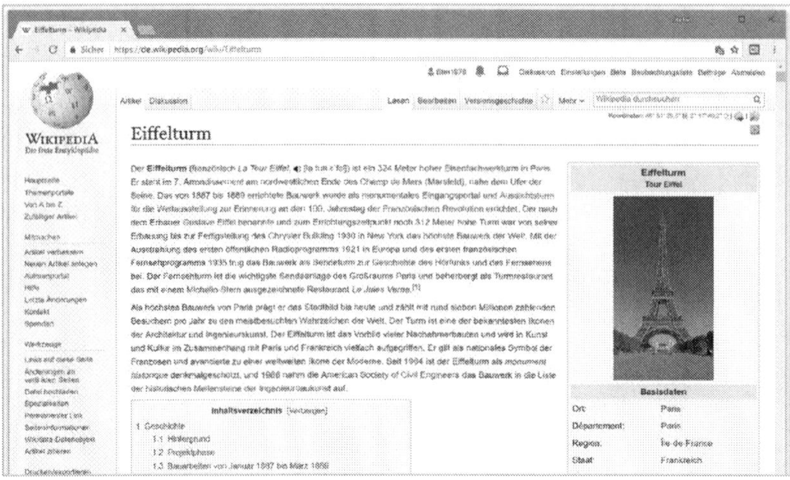

Abbildung 99: Wikipedia-Artikel im Internet-Browser

Jetzt wollen wir unser erstes Fundstück aus dem Internet sichern. Der *Web Clipper* bietet Dir mehrere Optionen: Du kannst die ganze Seite als Bilddatei in *OneNote* ablegen oder nur einen Bereich ausschneiden. Du kannst aber auch den Text samt Bildern als reinen Artikel ablegen oder die Website als Lesezeichen archivieren.

Abbildung 100: Optionen im OneNote Web Clipper

Wähle zunächst im Feld *„Speicherort“* eines Deiner Notizbücher in der Cloud sowie einen darin enthaltenen Abschnitt aus. Dort wird der *OneNote Web Clipper* gleich automatisch eine neue Seite anlegen.

Ich möchte Dir die verschiedenen Funktionen nun vorstellen und nutze dafür den *Wikipedia*-Eintrag über den Eiffelturm in Paris (s. o.). Übrigens: Um die Erweiterung in Deinem Internet-Browser nutzen zu können, müssen weder die *OneNote*-App noch das Desktop-Programm geöffnet oder gar installiert sein.

Ganze Seite

Klicke auf das *OneNote*-Icon und wähle die Option *„Ganze Seite“* aus. Wenn Du Dich für einen Abschnitt in Deinem Notizbuch entschieden hast und dann auf *„Ausschneiden“* klickst, wird die komplette Internetseite wie ein Screenshot gesichert und abgelegt. Das Ergebnis sieht dann nach der Synchronisierung mit der *OneNote*-App in etwa so aus:

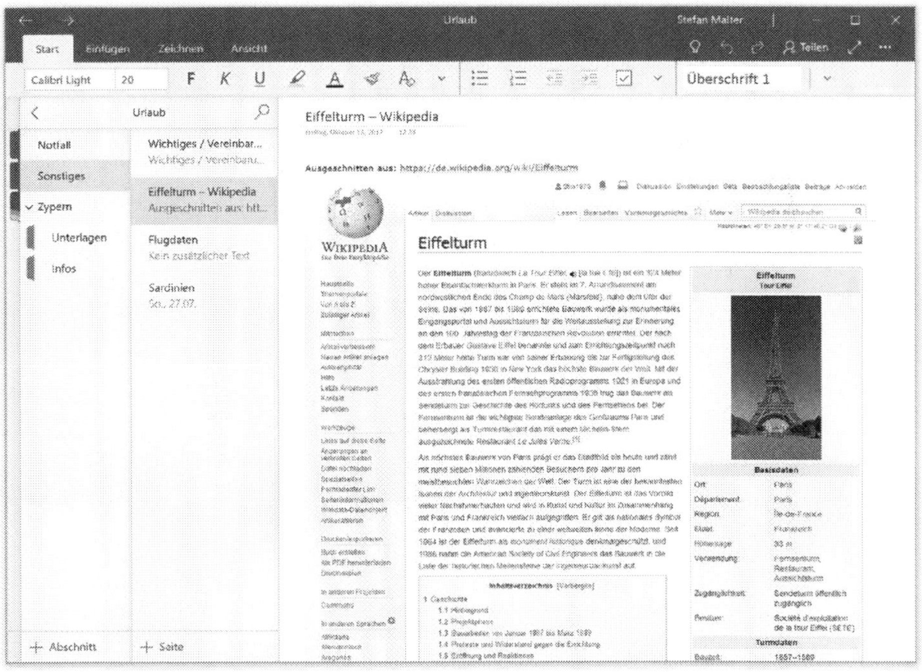

Abbildung 101: Wikipedia-Artikel als ganze Seite in OneNote

Der Vorteil dieser Methode: Du kannst die Website genau so archivieren, wie sie Dir im Internet-Browser dargestellt wird. Der Nachteil: Es handelt sich um eine Bilddatei. Du kannst also nicht einfach den Text bearbeiten oder kopieren. Je nach Aufbau der Webseite kann der komplette Screenshot auch unnütze Werbebanner oder unschöne Menüs enthalten.

Bereich

Vielleicht willst Du nur einen Teil der Internetseite sichern. Den Bereich kannst Du selbst bestimmen, indem Du einen Rahmen um den gewünschten Ausschnitt ziehst. Das Prinzip kennst Du schon von der integrierten Screenshot-Funktion.

So kannst Du Dich auf bestimmte Fotos und Teile der Website konzentrieren, ohne später den Ausschnitt nochmal anpassen zu müssen. Die entsprechende Bilddatei wird im nächsten Schritt wieder direkt in *OneNote* abgelegt.

Abbildung 102: Bereich in OneNote eingefügt

OneNote fügt immer auch einen Link auf die ursprüngliche Internetseite hinzu. So kannst Du dort später nochmal etwas nachschlagen. Du kannst den Hinweis auf die Quelle aber auch problemlos löschen.

Artikel

Wirklich praktisch finde ich diese dritte Variante, um Inhalte einer Internetseite bequem zu archivieren. Wenn Du *„Artikel"* auswählst, bereinigt der *OneNote Web Clipper* die aktuelle Website automatisch und entfernt dabei zum Beispiel Menüs und unnütze Werbebanner. Übrig bleiben der reine Text des Artikels sowie darin eingefügte Bilder.

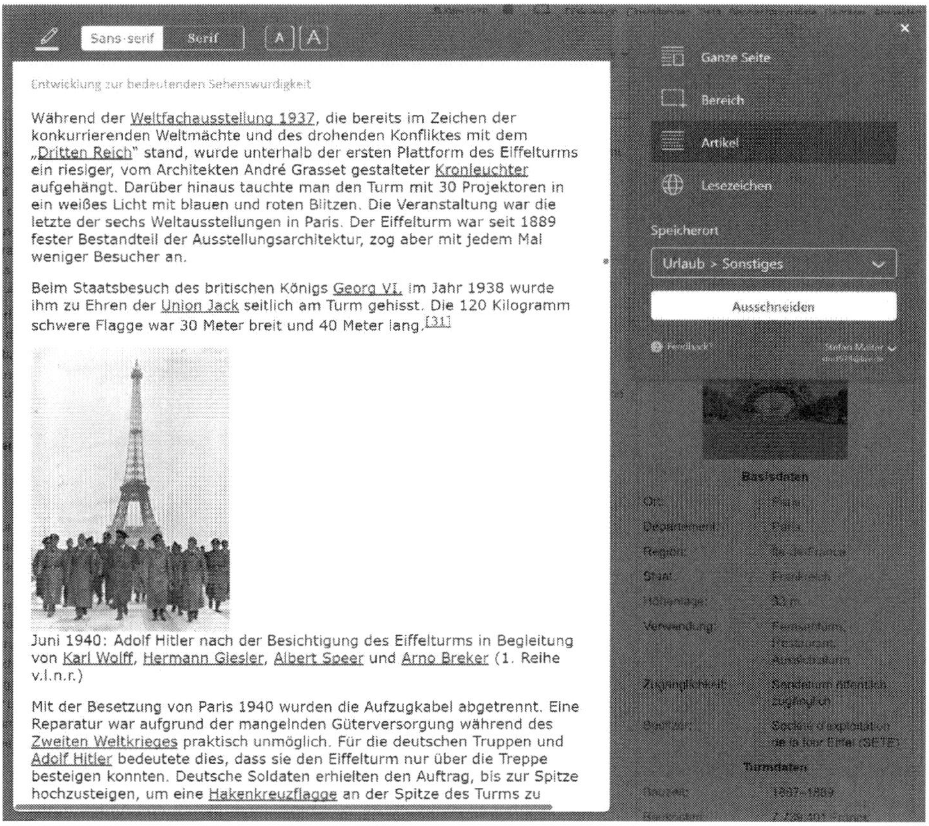

Abbildung 103: Artikel in OneNote einfügen

Die Vorteile dieser Option: Der Artikel ist in jedem Fall besser lesbar – zum Beispiel auch auf dem Smartphone. Du kannst den Text zudem beliebig bearbeiten, kürzen oder erweitern. Außerdem benötigt ein aufs Wesentliche reduzierter Artikel viel weniger Speicherplatz als komplette Websites in Form einer Bilddatei.

Der Nachteil: Das ursprüngliche Layout der Internetseite geht verloren. Du solltest vorsichtshalber auch immer prüfen, ob der *OneNote Web Clipper* wirklich alle wesentlichen Textteile der Webseite erkannt und übernommen hat.

Lesezeichen

Die vierte Funktion im *OneNote Web Clipper* ist schnell erklärt. Vielleicht stößt Du beim Surfen auf eine Internetseite, die regelmäßig aktualisiert wird. Du willst deshalb nur den Link in *OneNote* archivieren, damit Du immer wieder aufs Neue auf die Website zugreifen kannst.

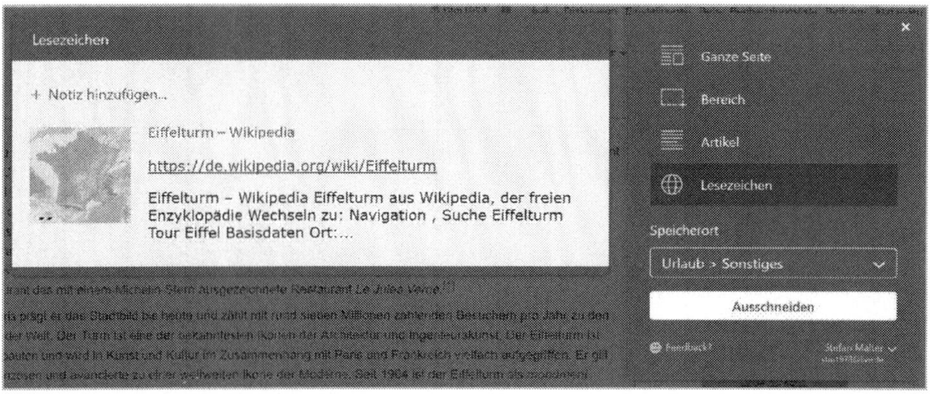

Abbildung 104: Lesezeichen mit OneNote Web Clipper speichern

Zusätzlich zu dem Link fügt der *Web Clipper* auch noch einen kurzen Teaser-Text hinzu. Der Hinweis kann Dir später bei der inhaltlichen Einordnung des Links helfen.

Das Tool wird übrigens ständig weiterentwickelt. Mittlerweile werden zum Beispiel auch PDF-Dateien und *YouTube*-Videos im Browser erkannt und als eingebettetes Element in *OneNote* abgelegt.

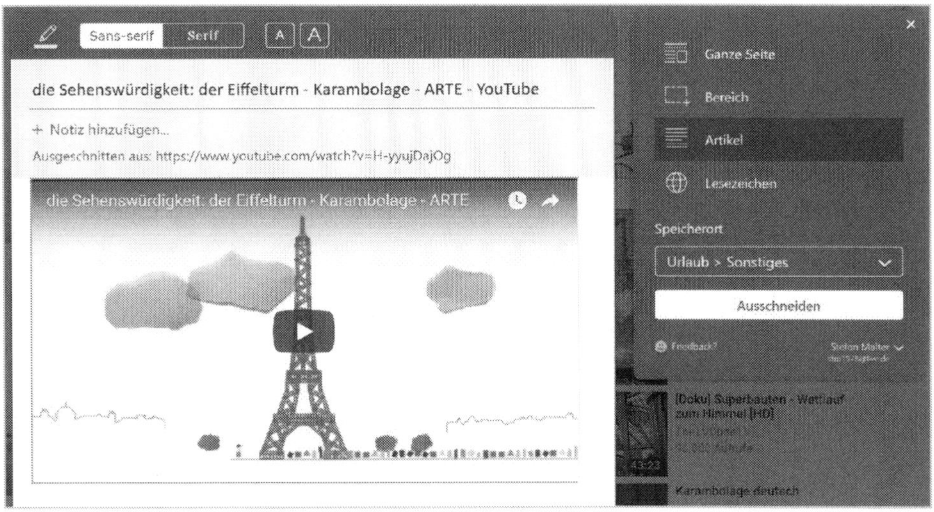

Abbildung 105: YouTube-Video mit dem OneNote Web Clipper einbetten

Unterm Strich ist der *OneNote Web Clipper* der wohl schnellste Weg, um Inhalte aus dem Internet zu sammeln und direkt in die passenden *OneNote*-Abschnitte zu sortieren. So geht Dir in Zukunft kein spannendes Fundstück aus dem weltweiten Netz mehr verloren.

Handschrift und Zeichnen mit *OneNote*

Mit *Microsoft OneNote* kannst Du handschriftliche Notizen und Zeichnungen erstellen. Vor allem mit einem digitalen Stift fühlt sich das Schreiben und Zeichnen fast an wie auf echtem Papier. Wer bereits einen Tablet-PC oder ein Grafiktablett besitzt, hat das vielleicht schon mal selbst ausprobiert.

Wie *OneNote* Dich beim digitalen Schreiben und Zeichnen von Skizzen unterstützt, erkläre ich Dir in diesem Kapitel. Sowohl die Desktop-Version als auch die *OneNote*-App bieten Dir dafür viele praktische Funktionen.

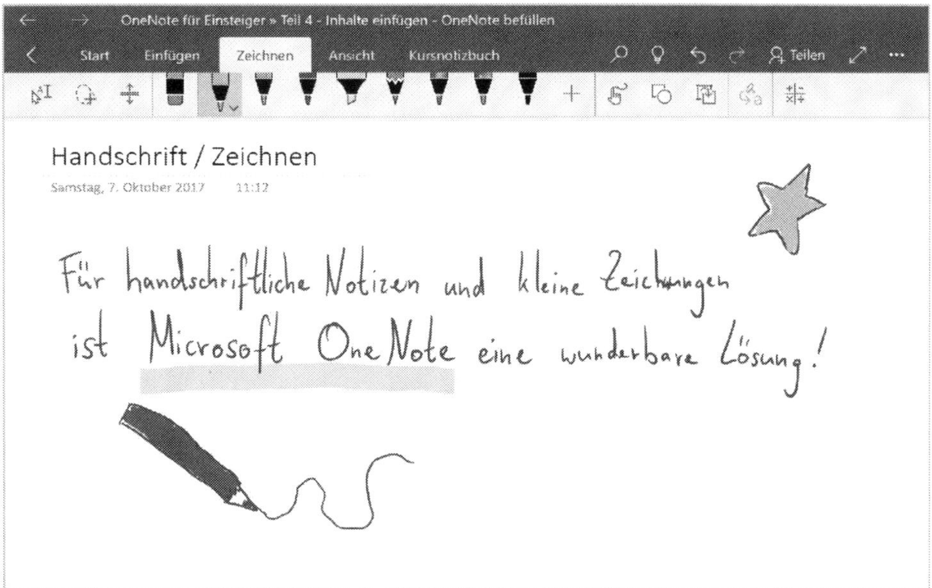

Abbildung 106: handschriftliche Notizen in der OneNote-App

Stifte-Auswahl fürs Zeichnen und Schreiben mit *OneNote*

Alle verfügbaren Optionen rund ums Zeichnen findest Du wieder oben in der Funktionsleiste unter dem gleichnamigen Reiter. Das Menü ist in den Versionen von *OneNote* ähnlich aufgebaut. Du kannst also frei entscheiden, ob Du für Notizen per Handschrift lieber das *Office*-Programm oder die *OneNote*-App nutzt.

Abbildung 107: Zeichnen-Menü in OneNote 2016

Abbildung 108: Zeichnen-Menü in der OneNote-App für Windows 10

Wähle zum Schreiben und Zeichnen einen der dort angebotenen virtuellen Stifte aus. In *OneNote 2016* (obere Abbildung) hast Du grundsätzlich die Wahl zwischen einfachen Filzstiften und breiteren Textmarkern. In der *OneNote*-App stehen zusätzlich noch Bleistifte zur Verfügung, die ein bisschen transparenter wirken.

Du kannst jederzeit auch die Stiftstärke und die Farbe verändern. Die Funktion *„Farbe und Stärke"* findest Du in *OneNote 2016* direkt rechts neben den Stiften. In der App kannst Du den aktuellen Stift anpassen, indem Du auf den kleinen Pfeil unter der ausgewählten Stiftspitze klickst.

Abbildung 109: verschiedene Stifte in OneNote

Kinder lieben hier vor allem den Regenbogen-Stift, der in der *OneNote*-App angeboten wird. Für digitale Notizen in Alltag und Beruf bevorzuge ich persönlich meist einen klassischen dünnen Stift, der dem echten Filzstift oder Kugelschreiber am nächsten kommt.

Wenn Du Stifte mit bestimmten Farben und Größen regelmäßig nutzt, kannst Du sie in *OneNote* als Favoriten speichern und so Dein persönliches Stifte-Set zusammenstellen. Klicke dazu mit der rechten Maustaste auf den aktuellen Stift in der Auswahl oben und wähle die gewünschte Funktion aus. In der *OneNote*-App kannst Du neue Stifte auch über das kleine Plus-Symbol rechts daneben hinzufügen und an eine andere Position in der Reihe verschieben.

Handschrift-Notizen in der Praxis

Lege zum Ausprobieren eine neue *OneNote*-Seite an. Statt den Titel der Seite wie bislang per Tastatur einzugeben, schreibe ich ihn diesmal direkt mit dem Stift an die Stelle. Keine Sorge: Mit ein wenig Übung gelingt Dir das fast so gut wie mit einem Kugelschreiber auf Papier!

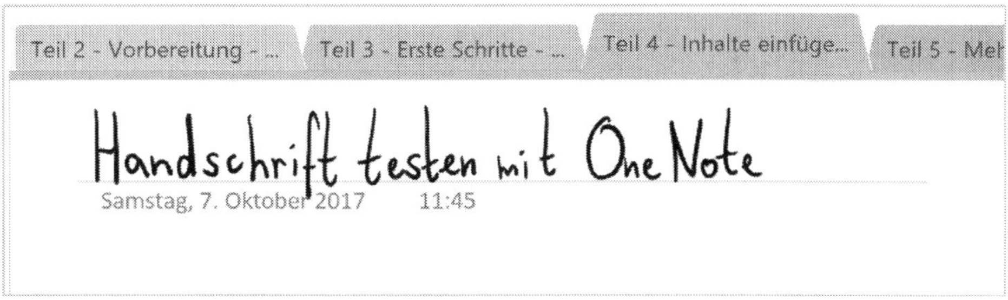

Abbildung 110: handgeschriebener Titel in OneNote

Am Anfang musst Du vor allem ein Gefühl dafür bekommen, wie leicht oder fest Du mit dem Stift aufdrücken musst, um den gewünschten Effekt zu erzielen. Prüfe dazu auch die Einstellungen Deines Geräts: In der Regel kannst Du den Stiftdruck einstellen und an Deine Gewohnheiten anpassen. Das klappt zum Beispiel im Treiber des Grafik-Tabletts oder in einem Zusatz-Tool. Wer z. B. ein Surface von Microsoft besitzt, kann die Anpassungen in der *Surface*-App vornehmen.

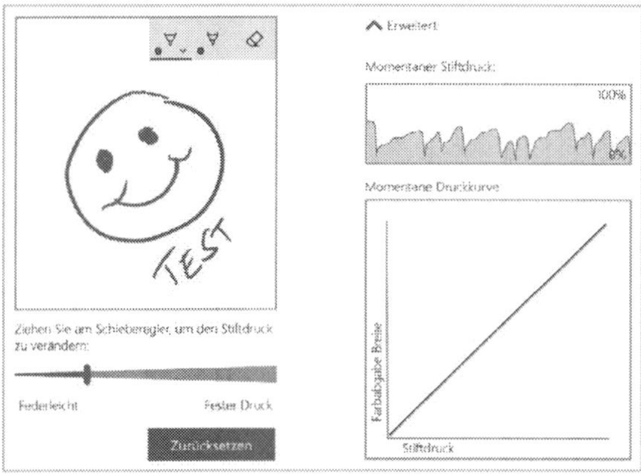

Abbildung 111: Stift-Einstellungen in der Surface-App für Windows 10

Wenn ich handschriftliche Notizen erstelle, drehe ich mein *Surface Pro* meist hochkant und halte es wie einen Block. Außerdem blende ich vorübergehend Hilfslinien ein, um beim Schreiben nicht in der Zeile zu verrutschen.

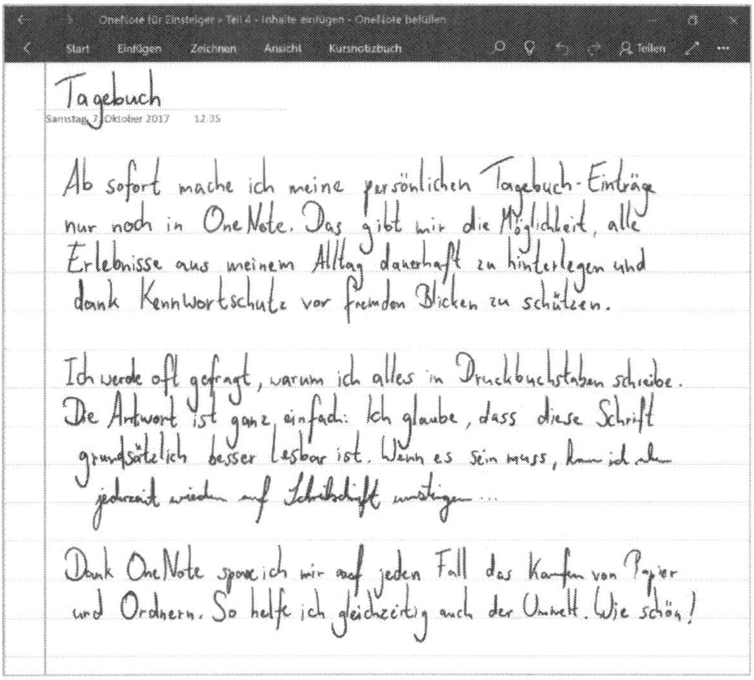

Abbildung 112: handschriftliche Notizen mit Hilfslinien

Zur Erinnerung: Die Hilfslinien findest Du oben in der Funktionsleiste unter dem Reiter *„Ansicht“*. Du kannst verschiedene Muster wie Linien oder Kästchen anzeigen lassen und sie später einfach ausblenden.

Ich nutze auch oft die Möglichkeit, auf einem bestehenden Dokument in *OneNote* Notizen oder Markierungen zu hinterlegen. Du hast in einem früheren Kapitel schon gelernt, wie Du eine PDF-Datei als Ausdruck einfügst und als Hintergrund der aktuellen *OneNote*-Seite festlegst. Nun kannst Du das Dokument mit handschriftlichen Notizen ergänzen oder per Textmarker bestimmte Passagen hervorheben – alles digital und ohne zusätzlichen Ausdruck auf Papier.

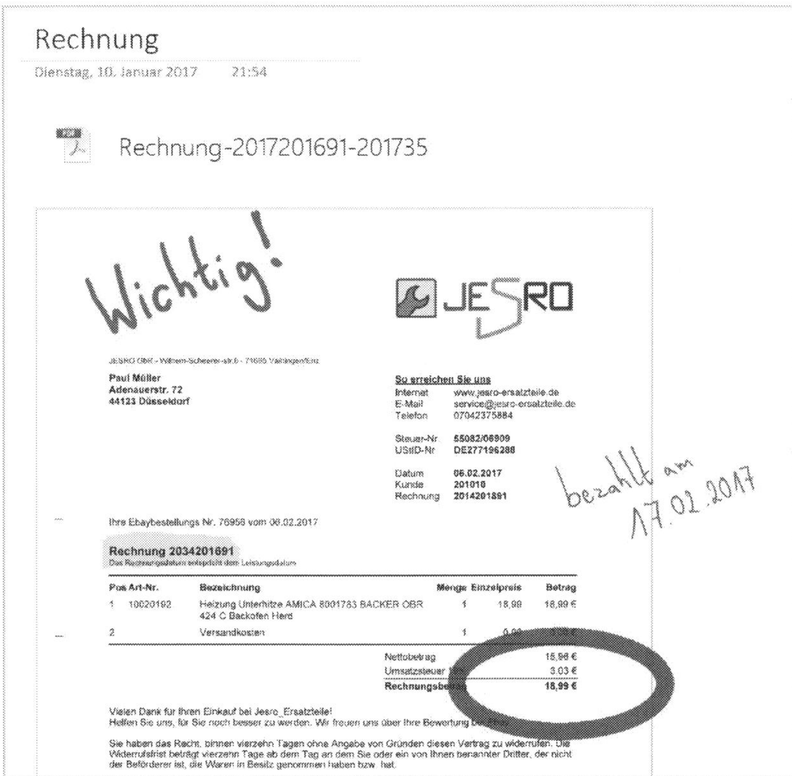

Abbildung 113: handschriftliche Notizen auf einem PDF-Dokument

Du wirst Dich schnell an die Stiftbedienung gewöhnen und digitale Notizen in *OneNote* schätzen lernen. Forscher glauben übrigens: Wer seine Notizen handschriftlich mit einem Stift macht, merkt sich das Geschriebene besser als beim Eingeben per Tastatur.

OneNote vs. Papier: Vorteile von digitalen Notizen

Für Skizzen und handschriftliche Notizen bietet *OneNote* noch einige Funktionen und Vorteile, die Du beim Schreiben und Zeichnen auf echtem Papier nicht hast:

Radiergummi

Egal ob dünner Bleistift, Regenbogen-Filzstift oder greller Textmarker: Du kannst alle gezeichneten Elemente mit der Radiergummi-Funktion wieder komplett entfernen. Das Radiergummi findest Du in verschiedenen Varianten oben in der Menü-Leiste:

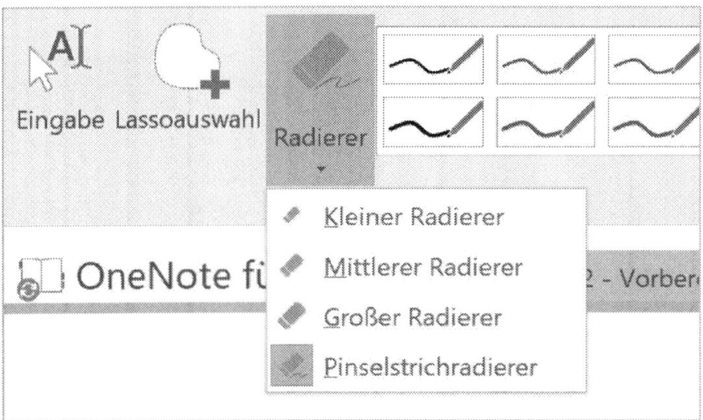

Abbildung 114: Radiergummi-Funktionen in OneNote 2016

Wer professionelle Hardware wie den *Surface Pen* nutzt, kann das Radiergummi meist auch mit dem anderen Ende des Stiftes simulieren und zum Löschen quasi über den Bildschirm rubbeln.

Elemente verschieben

Anders als auf Papier kannst Du Teile Deiner handschriftlichen Notizen markieren und an eine andere Position auf der *OneNote*-Seite versetzen. Klicke dazu das Symbol für die Funktion *„Lassoauswahl"* im Menü oben an. Umkreise dann mit dem Stift den gewünschten Bereich und verschiebe die markierten Elemente.

Abbildung 115: markierte Elemente verschieben

Zusätzlichen Platz / Schreibbereich einfügen

Bei umfangreicheren Skizzen und Notizen kann der Platz auf einer Seite schnell eng werden. Das gilt für ein Blatt Papier genauso wie für eine digitale Seite. In *OneNote* kannst Du Dir schnell mehr Platz verschaffen, wenn Du nachträglich etwas einfügen möchtest, ohne Deine bisherige Notizen zu überschreiben.

Die Funktion für zusätzlichen Platz gibt es in beiden Versionen von *OneNote*. Wenn Du sie oben im Menüband unter dem Reiter *„Zeichnen"* auswählst, kannst Du alle vorhandenen Notizen auf einer Seite einfach nach unten schieben und den neuen Freiraum für Ergänzungen nutzen.

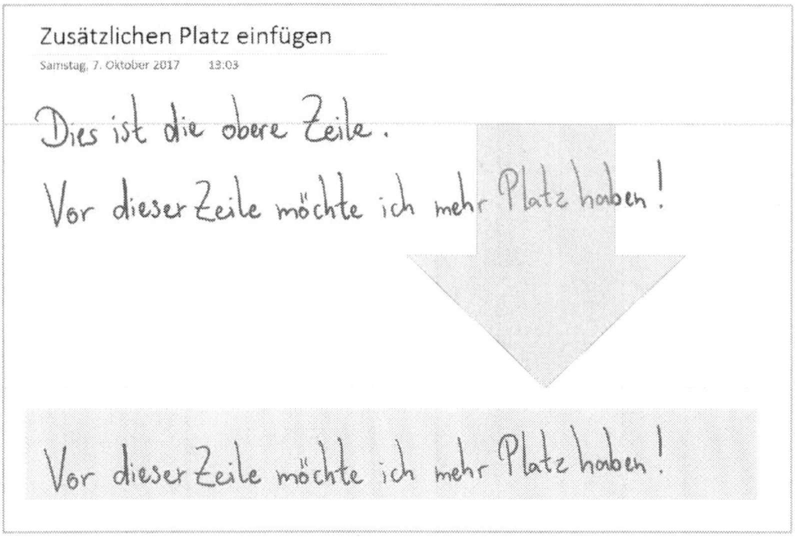

Abbildung 116: zusätzlichen Platz / Schreibbereich einfügen

Du kannst diese Funktion übrigens nicht nur für Zeichnungen und getippten Text nutzen, sondern auch für sonstige Inhalte auf einer *OneNote*-Seite.

Übrigens: Wenn Du gerade keinen digitalen Stift zur Verfügung hast, kannst Du zum Malen und Markieren alternativ auch Deine Finger oder die PC-Maus einsetzen. *OneNote* erkennt Deine Eingaben in diesem Fall besser, wenn Du die Funktion *„Mit Finger zeichnen“* im Menü oben auswählst.

Freu Dich auf das nächste Kapitel! Ich werde Dir zeigen, wie *OneNote* Deine Handschrift und Skizzen automatisch erkennt und in getippte Texte, Formeln oder Formen umwandelt. Mit dieser Funktion kannst Du in Zukunft viel Zeit sparen. Sie gilt als eines der beliebtesten Features von *OneNote* und funktioniert mittlerweile sowohl in der Desktop-Version als auch in der App für *Windows 10*.

Handschrift-Erkennung mit *OneNote*

Microsoft OneNote kann Deine Handschrift in Text umwandeln. Auch Gleichungen und Formen erkennt die Gratis-Software in wenigen Sekunden. Die wichtigsten Funktionen rund ums digitale Schreiben und Zeichnen habe ich Dir ja bereits im vorherigen Kapitel gezeigt. Jetzt erkläre ich Dir, wie *OneNote* Deine Freihand-Notizen zu lesbarem Text, mathematischen Formeln und perfekten Skizzen macht.

Die Handschrift-Erkennung macht vor allem Sinn, wenn Du einen Tablet-PC oder ein Grafiktablett an Deinem Computer nutzt. Dank der Stiftbedienung sparst Du im Alltag viel Zeit, wenn Du zum Beispiel spontane Gedanken in *OneNote* aufschreibst oder bei einem Job-Meeting Protokoll führst. Das spätere Abtippen Deiner handschriftlichen Notizen kannst Du Dir in Zukunft fast sparen!

Die Handschrifterkennung ist mittlerweile sowohl in die Desktop-Version *OneNote 2016* als auch in die *OneNote*-App für *Windows 10* integriert. Wir probieren die Funktionen direkt mal aus!

„Freihand in Text" mit *OneNote*

Für einen ersten Test erstelle ich wieder eine neue *OneNote*-Seite. Den Titel gebe ich aber nicht per Tastatur ein. Ich schreibe ihn direkt mit dem digitalen Stift – so wie im vorherigen Kapitel rund ums Zeichnen und Schreiben in *OneNote*.

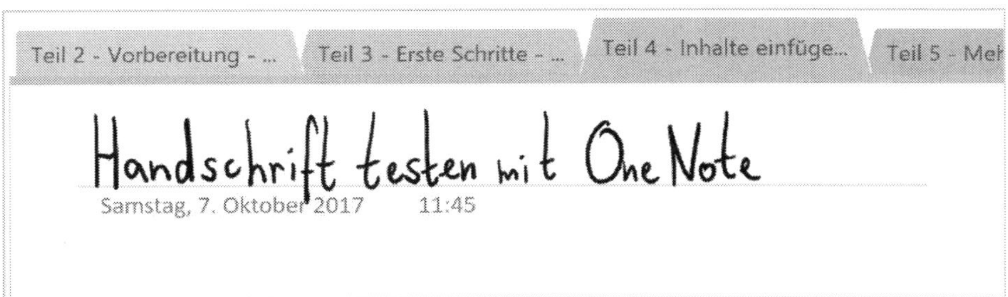

Abbildung 117: handschriftliche Notiz in OneNote

Wie gut funktioniert nun die Handschrift-Erkennung in *OneNote*? Oben in der Menüleiste findest Du unter *„Zeichnen“* die Funktion *„Freihand in Text“*.

Abbildung 118: Freihand in Text

Wenn Du sie anklickst, dauert es nur wenige Sekunden: *OneNote* erkennt Deine Handschrift und macht aus Deiner Notiz einen getippten Text – im Idealfall sogar fehlerfrei wie in diesem einfachen Beispiel.

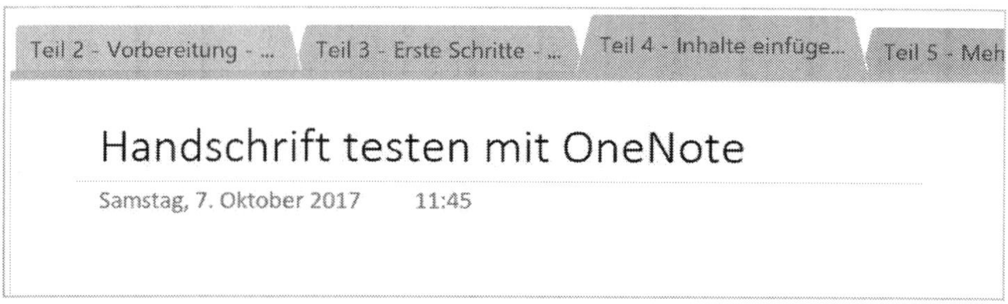

Abbildung 119: umgewandelte Handschrift-Notiz

Die Handschrifterkennung funktioniert auf Anhieb erstaunlich gut, auch bei längeren Sätzen. Vor allem wenn Dein handgeschriebener Text in geraden Zeilen untereinander notiert ist, kann *OneNote* Deine Aufzeichnungen gut deuten.

Immer wenn Du auf „Freihand in Text" klickst, werden alle handschriftlichen Notizen auf der aktuellen *OneNote*-Seite konvertiert. Vielleicht möchtest Du nur eine Auswahl der Notizen umwandeln. Dann kannst Du diesen Teil vorher per *„Lassoauswahl"* markieren.

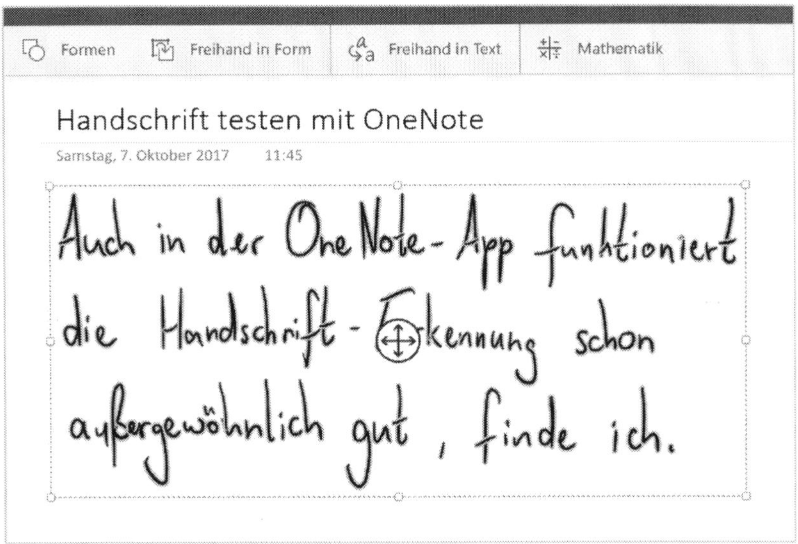

Abbildung 120: Handschrift-Notiz mit Lassoauswahl markiert

Die Handschrift-Erkennung wirkt schon ziemlich ausgereift, auch in der deutschen Sprachversion. Trotzdem würde ich es Dir immer empfehlen, umgewandelte Texte noch einmal zu prüfen – auf mögliche Fehler bei der Erkennung, aber auch auf Rechtschreibung und Satzzeichen. Wenn *OneNote* nämlich ein Wort aus verschiedenen Gründen nicht richtig erkennt und beim Umwandeln falsch interpretiert, kann das je nach Kontext peinliche Folgen haben.

Bei der Umwandlung meiner Beispiel-Notiz hat aber offensichtlich alles gut geklappt. Die nächste Abbildung zeigt das Original-Ergebnis in *OneNote* ohne eine zusätzliche Korrektur von mir.

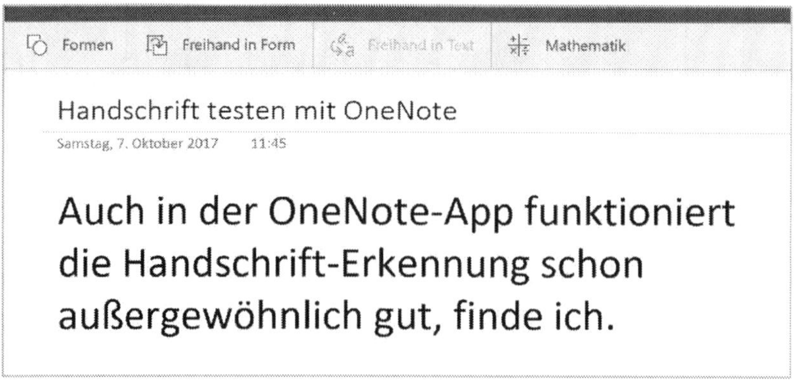

Abbildung 121: erfolgreiche Texterkennung in der OneNote-App

Den umgewandelten Text auf der *OneNote*-Seite kannst Du natürlich bearbeiten und umgestalten. Du kannst die Schriftart, Größe oder Farbe ändern und den Text-Container verschieben, so wie bei den direkt per Tastatur eingegebenen Notizen.

„Freihand in Gleichung“ / Mathematik mit *OneNote*

Über die Funktion *„Freihand in Gleichung“* freuen sich wohl vor allem Mathematik-Lehrer. Mathematische Ausdrücke wie Brüche oder komplexe Gleichungen lassen sich oft nur mühsam per Tastatur eingeben. *OneNote* hilft Dir dabei, handschriftlich erstellte Formeln in eine gedruckte Form zu bringen.

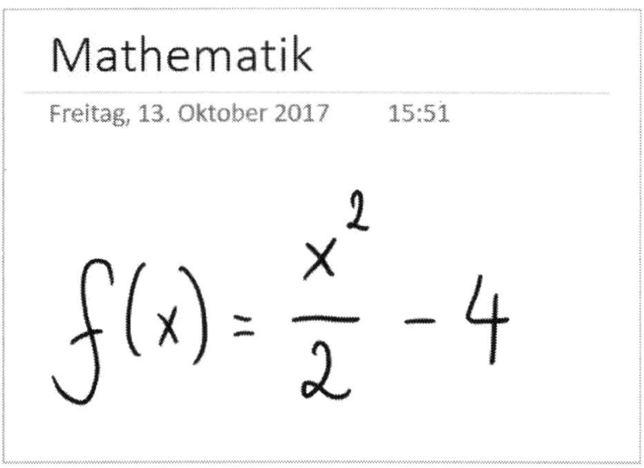

Abbildung 122: Mathematik mit OneNote

Im Prinzip gehst Du vor wie bei der Funktion *„Freihand in Text“*. Schreibe die Rechnung, Gleichung oder Formel mit dem Stift auf die *OneNote*-Seite. Wähle dann wieder die gesamte Notiz mit dem Lasso-Werkzeug aus. Im nächsten Schritt unterscheiden sich die Möglichkeiten der *Office*-Version und der *OneNote*-App.

- In *OneNote 2016* klickst Du auf *„Freihand in Gleichung“*. Daraufhin öffnet sich ein Fenster mit einer Vorschau der erkannten Formel. Wenn *OneNote* den mathematischen Ausdruck auf Anhieb nicht korrekt erkennt, kannst Du ihn hier korrigieren und die umgewandelte Formel danach auf der *OneNote*-Seite einfügen.

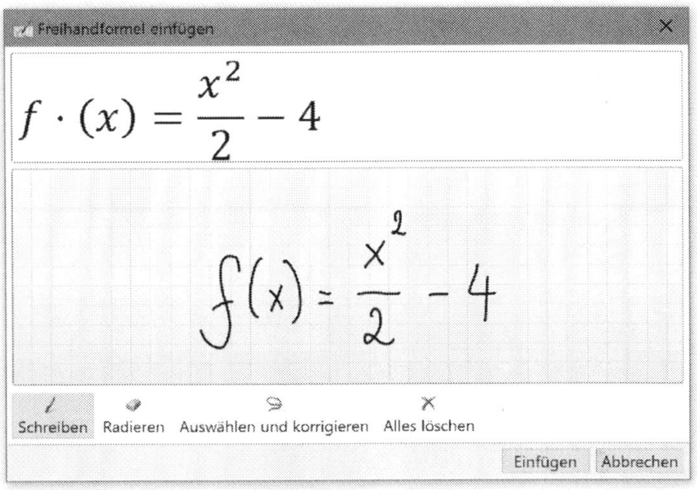

Abbildung 123: "Freihand in Gleichung" in OneNote 2016

- Die *OneNote*-App für *Windows 10* hat mittlerweile noch mehr zu bieten. Wenn Du auf *„Mathematik“* klickst, öffnet sich eine Leiste an der rechten Seite. Dort kannst Du die Formel nicht nur korrigieren. *OneNote* führt auf Wunsch auch die passenden Berechnungen durch, zeigt Dir den Lösungsweg Schritt für Schritt an und zeichnet sogar Funktions-Graphen für Dich. Das Ergebnis kannst Du wiederum auf der *OneNote*-Seite einfügen. Hier schlägt sicher jedes Mathematiker-Herz höher, und für Schüler wird *OneNote* so zum praktischen Hausaufgaben-Helfer!

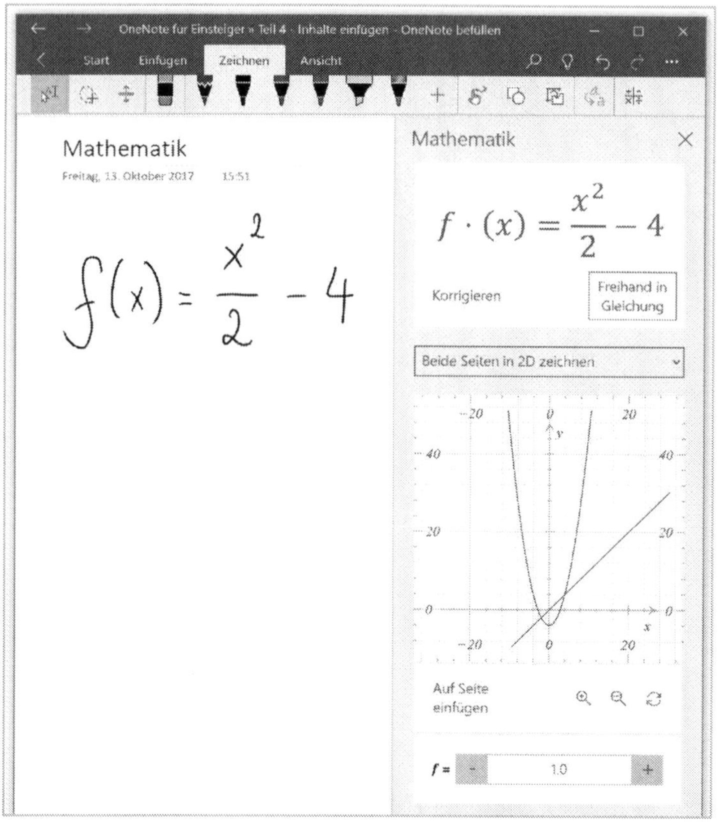

Abbildung 124: Mathematik-Funktionen in der OneNote-App

„Freihand in Form“ mit *OneNote*

OneNote kann auch per Hand gezeichnete Formen erkennen und in perfekt berechnete Figuren umwandeln. In manchen Situationen möchtest Du vielleicht etwas erklären und dafür auf einer *OneNote*-Seite eine anschauliche Skizze erstellen. Dabei kommen zum Beispiel Vierecke oder Kreise zum Einsatz.

Ich kenne Deine Zeichen-Fähigkeiten zwar nicht, aber vermutlich sehen die Formen bei Dir ähnlich krakelig aus wie bei mir. Auch auf echtem Papier würde das Ergebnis wohl nicht viel besser aussehen als hier per Stift auf einem Tablet-PC.

Abbildung 125: gezeichnete Formen in OneNote

OneNote kann solche Formen auf Wunsch schon beim Zeichnen erkennen und begradigen. Aus krakeligen Entwürfen werden dann wie von Zauberhand ansehnliche Skizzen. Schalte dazu im *„Zeichnen"*-Menü der *OneNote*-App die Funktion *„Freihand in Form"* ein.

Abbildung 126: „Freihand in Form" in der OneNote-App

Ab sofort glättet *OneNote* Deine per Stift oder auch per Finger gezeichneten Formen. Die Erkennung klappt ziemlich zuverlässig – übrigens nicht nur bei Standard-Formen wie Kreisen und Quadraten. Auch Dreiecke, Rauten, Ellipsen und einige weitere Gebilde kannst Du auf diese Weise auf einer *OneNote*-Seite einfügen. Die Funktion ist aktuell aber nur in den *OneNote*-Apps für *Windows 10* und *iOS* verfügbar. In der Desktop-Version würde ich mir die Formerkennung in Zukunft natürlich auch wünschen. (Zumindest kannst Du dort einige vorgegebene Formen erstellen.)

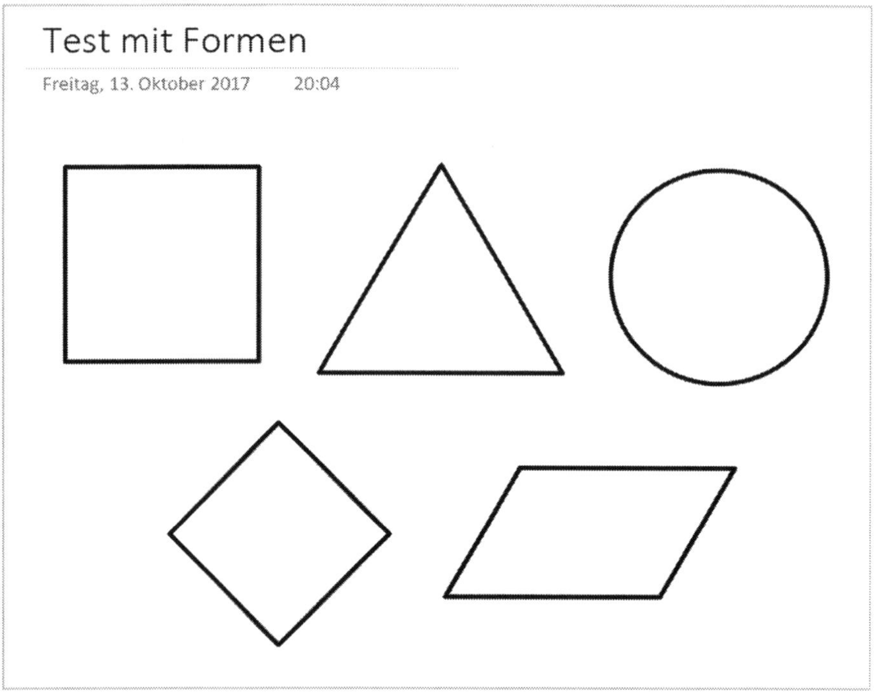

Abbildung 127: Funktion „Freihand in Form“ im Einsatz

Die Handschrift-Erkennung kann Dir im Alltag also viel Zeit sparen und Deine Notizen und Skizzen professioneller aussehen lassen. Du solltest Dich mit den Möglichkeiten vertraut machen und die Stiftbedienung noch ein wenig üben. Das ist übrigens auch der perfekte Zeitpunkt, um Dir Deine „Sauklaue“ abzugewöhnen. Zumindest *OneNote* soll Deine Handschrift ja in Zukunft gut lesen können. ;-)

Teil 4

Mehr Funktionen in *OneNote*

OneNote-Notizbücher freigeben und online teilen

Die Funktionen für die Zusammenarbeit gehören zu den größten Stärken der Software. *OneNote* bietet Dir mehrere Möglichkeiten an, um Inhalte aus Deinem Online-Notizbuch an andere Personen weiterzugeben.

Der wichtigste Weg: Du kannst ein *OneNote*-Notizbuch gezielt für andere Personen freigeben und so Deine Aufzeichnungen bequem austauschen. Wenn Du willst, kannst Du sogar gemeinsam an Notizen arbeiten. Das bietet Dir im Alltag viele spannende Möglichkeiten. Hier ein paar Beispiele:

- Du kannst in *OneNote* eine Einkaufsliste erstellen und diese dann für Deine(n) Partner(in) freigeben, der / die gerade im Supermarkt ist.
- Das kann natürlich auch eine Geschenke-Wunsch-Liste für Deine bevorstehende Hochzeit sein, die Du vorab allen geladenen Gästen zur Verfügung stellst.
- Für den anstehenden Urlaub mit Freunden kannst Du ein gemeinsames *OneNote*-Notizbuch anlegen. Dort können alle Beteiligten auf die Reiseunterlagen zugreifen, zum Beispiel die Flugbestätigung, die Hotel-Reservierung oder Infos zum Koffer-Packen.
- Du erstellst ein *OneNote*-Notizbuch für Kochrezepte. Hier kann die ganze Familie ihre Lieblings-Rezepte eintragen und jederzeit auf die Ideen der anderen zugreifen. Ein gemeinsames Kochbuch also, in dem kein Familien-Rezept verloren geht.
- Du machst mit Deinen Freunden ein Bundesliga-Tippspiel. Dafür erstellst Du ein *OneNote*-Notizbuch, in dem alle Mitspieler selbstständig ihre Tipps eintragen und die Auswertung einsehen können.

Dir fallen sicher noch viele weitere Einsatzzwecke für die Zusammenarbeit in *OneNote* ein. Voraussetzung für die Freigabe-Funktion ist, dass Deine Notizbücher in der Cloud gespeichert sind. In diesem Buch habe ich Dir bereits erklärt, welche Vorteile die Cloud als Speicherplatz hat und wie einfach die Synchronisierung von *OneNote*-Notizbüchern funktioniert.

Das Teilen von Notizbüchern ist ganz einfach und klappt – wie Du es von *OneNote* schon kennst – mit wenigen Mausklicks. Das Beste ist: Du kannst ein Notizbuch auch für Personen freigeben, die *OneNote* (noch) nicht nutzen und das Programm demnach nicht auf ihrem Computer installiert haben. Sie können einfach per *OneNote Online* im Internet-Browser, also z. B. mit *Firefox*, *Chrome*, *Opera*, *Safari* oder dem *Edge Browser* darauf zugreifen.

Freigeben in *OneNote 2016*

Klicke links oben in der Funktionsleiste auf *„Datei“* und dann auf *„Freigeben“*. Dort findest Du alle Optionen zum Teilen Deines *OneNote*-Notizbuchs.

Abbildung 128: Notizbuch freigeben in OneNote 2016

Vorausgewählt ist hier *„Für Personen freigeben"*. Ganz unten in der Ansicht siehst Du wiederum, welche Personen bereits auf das Notizbuch zugreifen dürfen.

Gib nun die E-Mail-Adresse der Person ein, die ab sofort auf das Notizbuch zugreifen können soll. In dem Feld rechts daneben kannst Du angeben, ob die Person Dein Notizbuch bearbeiten darf, also Inhalte hinzufügen oder neue Seiten erstellen kann. Wenn Du stattdessen *„Kann anzeigen"* auswählst, sieht die Person zwar alle Inhalte, kann aber keine Änderungen vornehmen.

Personen werden per E-Mail informiert, sobald ein Notizbuch für sie freigegeben wurde. Für diese E-Mail kannst Du hier noch eine persönliche Nachricht eintragen. So kann die Person das Notizbuch sofort inhaltlich zuordnen. Soll sich die Person zudem erst mit einem *Microsoft*-Konto anmelden müssen, um auf das Notizbuch zugreifen zu können? Das dazugehörige Häkchen sorgt für ein Quäntchen mehr Sicherheit, weil der Link nur für eingeloggte Benutzern funktioniert.

Klicke im letzten Schritt auf *„Freigeben"*. Daraufhin erhält die Person eine E-Mail mit dem entsprechenden Link zu Deinem *OneNote*-Notizbuch.

Es gibt noch eine zweite Möglichkeit, um Dein Notizbuch online zu teilen. Unter *„Freigabelink abrufen"* kannst Du einen Link zu Deinem *OneNote*-Notizbuch erstellen, den Du dann gezielt weitergeben kannst, zum Beispiel über einen E-Mail-Verteiler oder in den Sozialen Netzwerken.

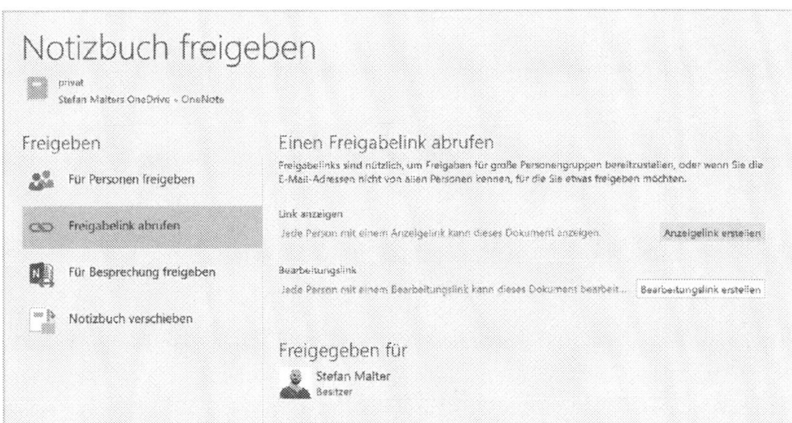

Abbildung 129: Freigabelink abrufen in OneNote 2016

Diese Methode eignet sich vor allem, wenn Du eine große Gruppe von Personen erreichen möchtest. Wähle auch hier wieder sorgfältig aus, ob die Personen Dein Notizbuch nur ansehen oder auch bearbeiten dürfen. Über den entsprechenden Button rechts neben der Auswahl erstellst Du einen Link, den Du dann für Deine Zwecke kopieren und weitergeben kannst.

Teilen in der *OneNote*-App

In der *OneNote*-App für *Windows 10* ist die Funktion *„Teilen"* noch präsenter, kommt dafür aber ein wenig reduzierter daher. Du findest sie oben rechts in der Menü-Leiste. Tippe auf das Symbol und wähle dann aus, was Du tun willst.

Abbildung 130: Teilen in der OneNote-App für Windows 10

Du kannst entweder nur die aktuelle Seite oder das komplette Notizbuch mit anderen teilen. Für die Seite vergibt *OneNote* einen Freigabe-Link – ähnlich wie oben beschrieben. Bei einem Notizbuch kannst Du hier wieder eine E-Mail-Adresse eingeben und festlegen, ob die Person die Inhalte bearbeiten oder nur anzeigen darf. Tippe zum Schluss auf *„Teilen“*, um den Vorgang abzuschließen.

Freigegebene *OneNote*-Notizbücher öffnen

Jetzt drehen wir den Spieß um: Wenn jemand ein *OneNote*-Notizbuch mit Dir teilt, gibt es mehrere Möglichkeiten, dieses zu öffnen und einzusehen.

- Klicke auf den Link in der E-Mail, die Du bei der Freigabe gesendet bekommst. Der Link öffnet sich im Internet-Browser und führt Dich zur Online-Version von *OneNote*. Eventuell musst Du Dich vorher noch mit Deinem *Microsoft*-Benutzerkonto anmelden.

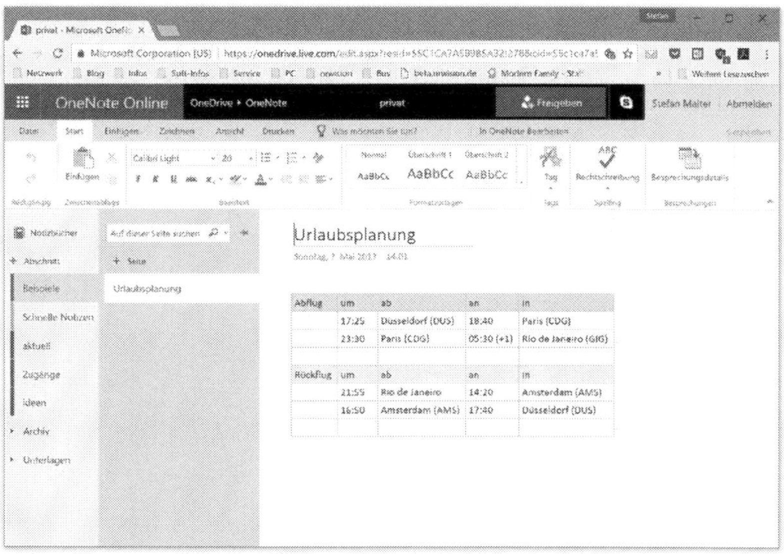

Abbildung 131: geteiltes Notizbuch in OneNote Online

Ähnlich wie im Desktop-Programm oder der *OneNote*-App kannst Du hier auf alle Seiten in dem Notizbuch zugreifen und sie – falls Du die Erlaubnis dafür bekommen hast – auch direkt bearbeiten. So können auch Freunde und Verwandte von Deinem Notizbuch profitieren, wenn sie *OneNote* nicht als Vollprogramm auf ihrem Computer installiert haben.

Übrigens: Wenn Du das Notizbuch bearbeiten darfst, kannst Du es von hier aus auch *„In OneNote öffnen"*, also in der auf dem PC installierten App bzw. Software. Die Funktion findest Du in der grauen Leiste oben.

- Du kannst ein freigegebenes *OneNote*-Notizbuch auch direkt in der App oder im Desktop-Programm öffnen – ohne Umweg über den Internet-Browser. Klicke in der Funktionsleiste oben auf *„Datei"* und dann auf *„Öffnen"* bzw. in der *OneNote*-App auf *„weitere Notizbücher"* in der entsprechenden Spalte. Du bekommst alle Notizbücher aufgelistet, auf die Du mit Deinem Konto zugreifen kannst – also sowohl Deine eigenen in der Cloud als auch die mit Dir geteilten Notizbücher.

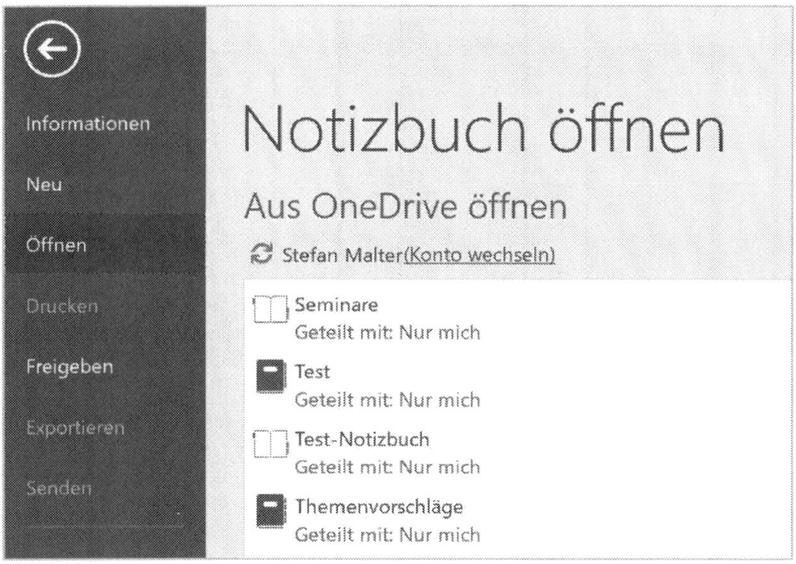

Abbildung 132: Notizbuch öffnen in OneNote 2016

Wer war das? – Autoren anzeigen in *OneNote*

Zuletzt möchte ich Dir noch eine praktische Funktion für die Zusammenarbeit in *OneNote* vorstellen. Wenn mehrere Personen in einem Notizbuch arbeiten und etwas verändern oder Notizen einfügen, kann man schnell den Überblick verlieren: Von wem stammt welcher Eintrag? Wer hat welche Änderungen vorgenommen?

OneNote bietet eine praktische Autoren-Funktion an, die standardmäßig eingeschaltet ist. Am Rand der Textblöcke zeigt *OneNote* die Initialen oder die Namen der jeweiligen Verfasser an – so wie es in den Optionen bei *Microsoft Office* eingestellt ist.

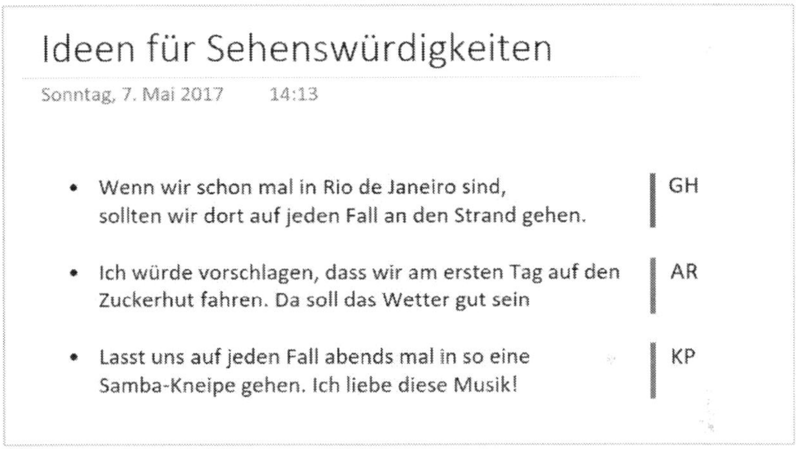

Abbildung 133: Autoren-Markierung in OneNote

Du weißt jetzt also, wie Du *OneNote*-Notizbücher mit anderen Personen teilst und wie Du die für Dich freigegebenen Notizbücher öffnest. Die Funktionen für die Zusammenarbeit machen das Arbeiten mit *OneNote* noch effizienter und bieten Dir viele Möglichkeiten, Dir das Leben noch einfacher zu machen.

Kennwortschutz für *OneNote*-Abschnitte

Du weißt seit dem vorherigen Kapitel, wie Du Notizbücher via Internet für andere Personen freigeben kannst. Dabei entscheidest Du auch, ob andere die geteilten Inhalte in *OneNote* bearbeiten dürfen oder nur ansehen können.

Zusätzlich kannst Du einzelne Abschnitte in *OneNote* mit einem Kennwortschutz versehen. Nur wer das vergebene Passwort kennt, kann dann auf diese Abschnitte zugreifen. Wie das funktioniert und was Du dabei beachten solltest, erkläre ich Dir in diesem Kapitel.

Konkret geht es in diesem Beispiel um ein *OneNote*-Notizbuch, das Du bereits für Deine Familie eingerichtet und freigegeben hast. Alle Familienmitglieder können bislang alle Inhalte ohne Einschränkung einsehen, zum Beispiel den gemeinsamen Geburtstagskalender, aktuelle Haushaltspläne, gesammelte Kochrezepte oder die anstehenden Urlaubsvorbereitungen.

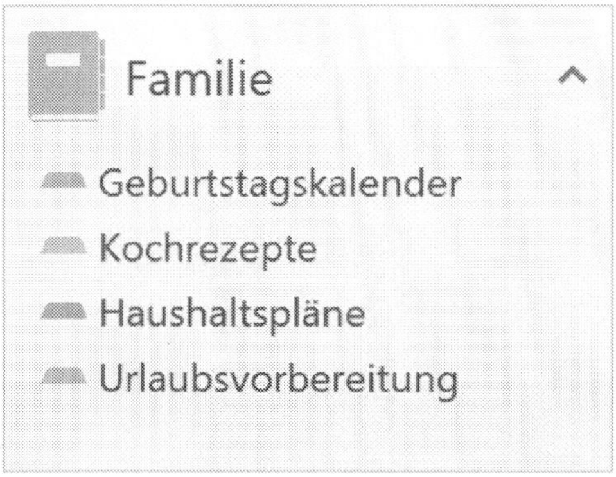

Abbildung 134: OneNote-Notizbuch für die Familie

Du möchtest nun einen weiteren Abschnitt hinzufügen, der aber nur für die Erwachsenen in der Familie vorbehalten sein soll. Eure Kinder sollen nämlich bestimmte Unterlagen oder die geheime Geschenke-Liste für Weihnachten nicht selbst einsehen können.

Die Lösung: Abschnitte mit Passwort schützen

Es bietet sich also an, diese Inhalte in einem separaten *OneNote*-Abschnitt unterzubringen und diesen mit einem Kennwort zu versehen. In diesem Beispiel habe ich dafür den Abschnitt *„Nur für Erwachsene“* neu angelegt.

Abbildung 135: geheime Geschenke-Liste in OneNote 2016

Klicke nun mit der rechten Maustaste auf den Abschnitt und wähle die Funktion *„Diesen Abschnitt durch ein Kennwort schützen...“* aus. Daraufhin öffnet sich ganz rechts in *OneNote* eine Spalte mit dem Titel *„Kennwortschutz“*.

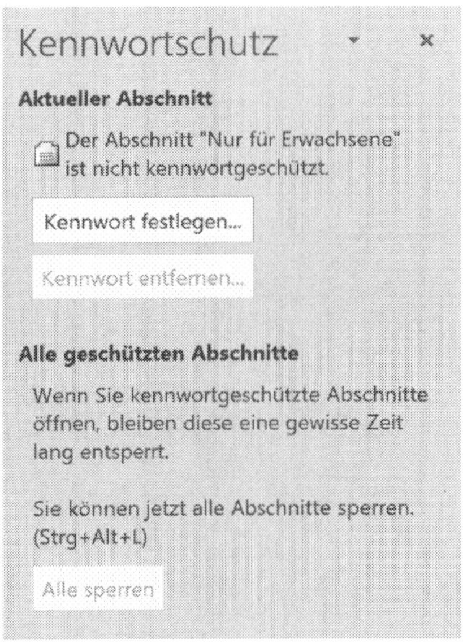

Abbildung 136: Kennwortschutz in OneNote 2016

Bislang war der Abschnitt natürlich noch nicht geschützt. Mit einem Klick auf *„Kennwort festlegen…“* öffnet sich ein neues Fenster. Wähle ein eindeutiges Kennwort für diesen Abschnitt aus. Um Tippfehler auszuschließen, musst Du es an dieser Stelle zweimal eingeben. Beachte auch den Warnhinweis!

Abbildung 137: Kennwort eingeben und bestätigen

In ähnlicher Form findest Du die Funktion und die dazugehörigen Eingabefelder auch wieder in der *OneNote*-App. Bei der Kennwort-Eingabe spielen übrigens auch Groß- und Kleinschreibung eine wichtige Rolle. Mit unterschiedlichen Buchstaben-Kombinationen, vielleicht auch mit Zahlen und bestimmten Sonderzeichen, wird Dein Passwort noch komplizierter und damit sicherer.

Jetzt können nur noch Personen auf diesen Abschnitt zugreifen, die das Kennwort kennen. Wer den Abschnitt auswählt, bekommt einen entsprechenden Hinweis angezeigt. Drücke die Eingabetaste, damit Du das Passwort eingeben und mit Klick auf *„OK“* bestätigen kannst. So einfach kannst Du einzelne Abschnitte in *OneNote* schützen und bei Bedarf wieder entsperren.

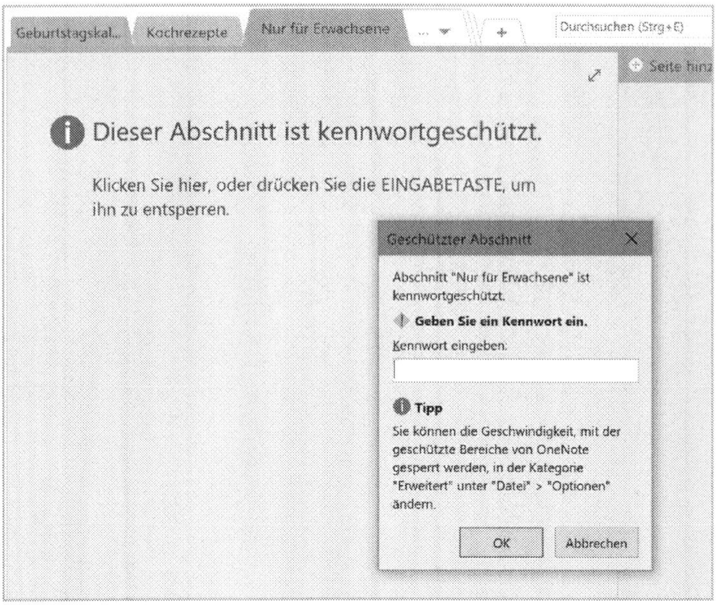

Abbildung 138: kennwortgeschützten Abschnitt entsperren

Tipps zum Kennwortschutz in OneNote

Ein paar Besonderheiten zum Kennwortschutz in *OneNote* solltest Du noch wissen, damit Du die Funktion gut verstehst und im Alltag sinnvoll nutzen kannst:

- Der Kennwortschutz gilt für alle verfügbaren Versionen von *OneNote*, also für die Desktop-Versionen unter *Windows* und *OS X*, für die *OneNote*-Apps und für die Online-Oberfläche im Browser.

- Man kann Kennwörter in *OneNote* nur für Abschnitte vergeben, nicht für einzelne Seiten oder ganze Notizbücher. Ein Notizbuch solltest Du sowieso nur für Personen freigeben, die auch Zugriff darauf haben sollen.

- Du kannst verschiedene *OneNote*-Abschnitte innerhalb eines Notizbuchs mit unterschiedlichen Kennwörtern absichern. So kannst Du zum Beispiel Abschnitte für bestimmte Familienmitglieder erstellen und ihnen jeweils das dazugehörige Kennwort mitteilen. Jeder hat dann natürlich auch nur Zugriff auf die Inhalte in diesem jeweiligen Abschnitt.

- Wie sich Abschnitte mit Kennwortschutz grundsätzlich verhalten, kannst Du in den Einstellungen von *OneNote* ändern. Klicke dazu oben in der Menüleiste auf *„Datei“*, dann auf *„Optionen“* und dort auf *„Erweitert“*. Unter dem Abschnitt *„Kennwörter“* sind alle Möglichkeiten aufgeführt. Sie sind selbsterklärend.

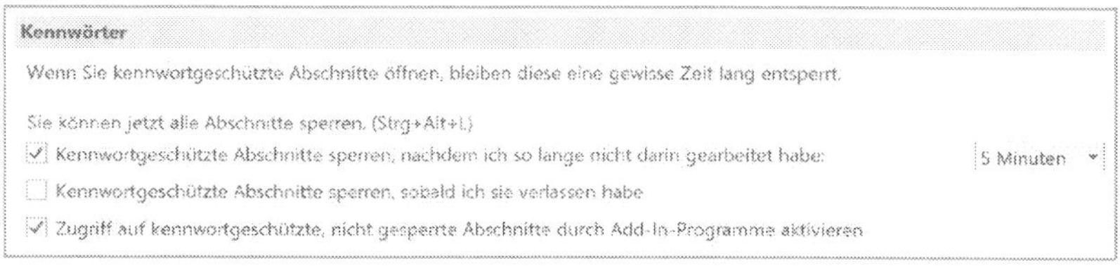

Abbildung 139: Optionen zum Kennwortschutz in OneNote 2016

- Wenn Du einen Abschnitt mit Kennwortschutz öffnest und weiter in *OneNote* arbeitest, bleibt der Abschnitt für eine Weile entsperrt. Wenn Du zwischen verschiedenen Abschnitten hin- und herspringst, musst Du das Kennwort also nicht ständig neu eingeben. Den genauen Zeitraum dafür kannst Du ebenfalls in den Einstellungen festlegen (s. o.).

- Du kannst den Kennwortschutz eines Abschnitts auch wieder löschen. Das Auswahlfeld *„Kennwort entfernen“* findest Du rechts in der Spalte – aber natürlich nur dann, wenn der Abschnitt gerade entsperrt ist.

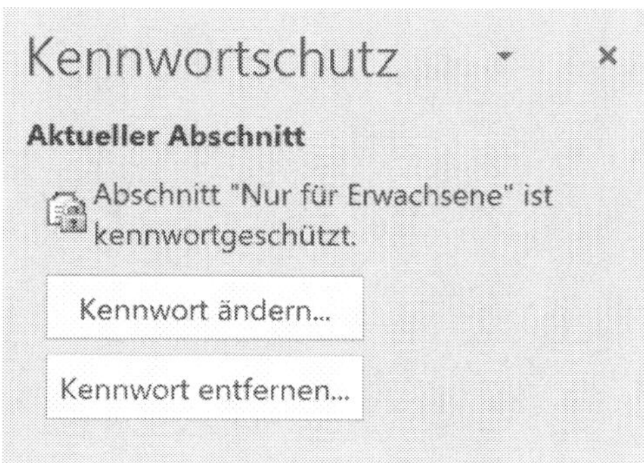

Abbildung 140: Kennwort entfernen

Den wichtigsten Hinweis möchte ich Dir zum Schluss noch mit auf den Weg geben: Du solltest Dir Dein Kennwort gut merken – wie alle Deine Passwörter für die unterschiedlichen Dienste! Wenn Du das Kennwort vergisst, kannst Du definitiv nicht mehr auf die Daten in den geschützten *OneNote*-Abschnitten zugreifen. Die Inhalte sollen ja verlässlich vor fremden Blicken sicher sein.

OneNote-Seite per E-Mail senden

Du kannst eine *OneNote*-Seite inklusive Text, Bildern und anderen Elementen auch per E-Mail versenden. Das Senden per E-Mail ist vermutlich der schnellste und einfachste Weg, um Inhalte direkt an Freunde, Bekannte und Kollegen weiterzugeben, vor allem wenn sie *OneNote* selbst nicht nutzen.

Um die Funktion zu erklären, stelle ich Dir hier wieder ein Beispiel aus dem Alltag vor. Du backst gerne Kuchen und hast Deine besten Rezepte in einem *OneNote*-Notizbuch gespeichert. Auf jeder Seite Deines privaten Kochbuchs hast Du die Liste der Zutaten, Infos zur Zubereitung und Bilder vom fertigen Kuchen eingefügt.

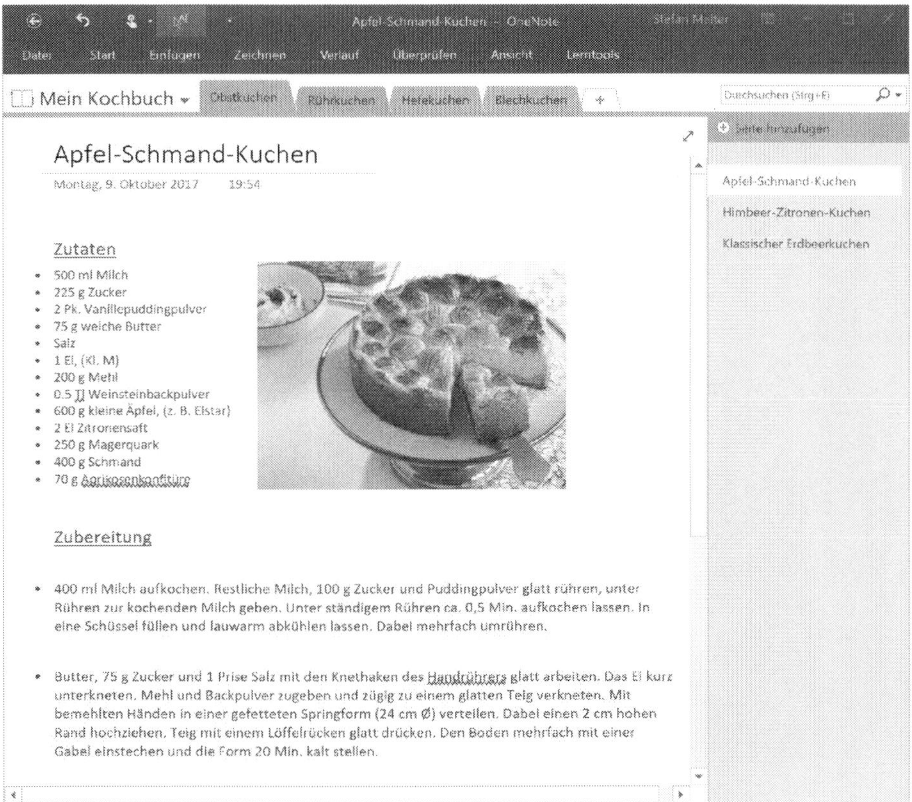

Abbildung 141: Kuchen-Rezept in OneNote

Bei der nächsten Familienfeier kommt Dein Kuchen so gut an, dass Du mehrfach nach dem Rezept gefragt wirst. Du möchtest jetzt aber nicht den Computer einschalten und die *OneNote*-Seite ausdrucken. Stattdessen bietest Du an, das Rezept später per E-Mail an alle interessierten Kuchen-Liebhaber zu schicken.

Normalerweise würdest Du dafür in Deinem E-Mail-Programm – zum Beispiel *Microsoft Outlook* – eine neue E-Mail öffnen und dann den Text mit den Bildern umständlich kopieren und einfügen.

E-Mail-Funktion in *OneNote*

Das geht mit *OneNote* schneller und komfortabler! Die Funktion *„Teilen"* der App hast Du im vorherigen Kapitel schon kennengelernt. Wenn Du sie antippst, findest Du ganz unten und ein wenig versteckt den Aufruf *„Kopie senden"*. Er öffnet einen Dialog, mit dem Du die aktuelle Seite mit Hilfe anderer auf dem Gerät verfügbarer Apps weitergeben kannst, u. a. über die in *Windows 10* eingerichtete Mail-App.

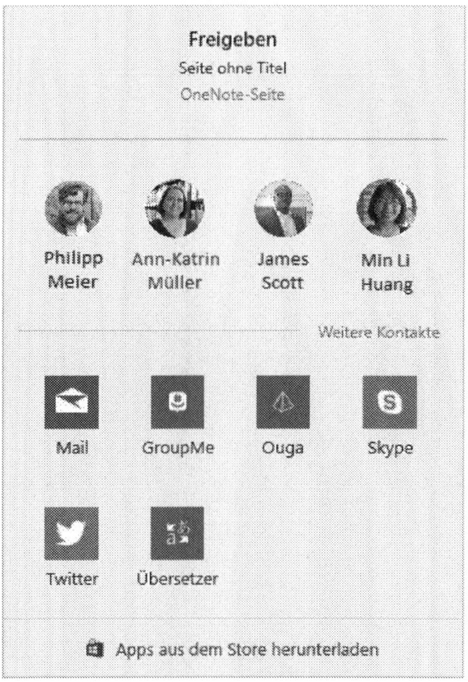

Abbildung 142: Freigeben per OneNote-App in Windows 10

In der Desktop-Version *OneNote 2016* findest Du unter *„Start“* sogar einen eigenen Button *„Seite per E-Mail senden“*. Klicke auf das Symbol – und sofort erstellt *OneNote* automatisch eine E-Mail mit dem aktuell ausgewählten Seiteninhalt.

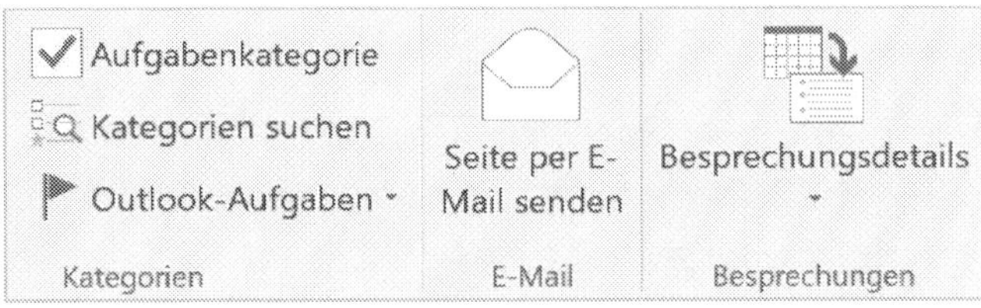

Abbildung 143: „Seite per E-Mail senden“ in OneNote 2016

Hier kommt es darauf an, welches E-Mail-Programm als Standard auf Deinem Computer eingerichtet ist. Wenn Du *Outlook* von *Microsoft Office* nutzt, sieht die E-Mail so aus wie in der folgenden Abbildung:

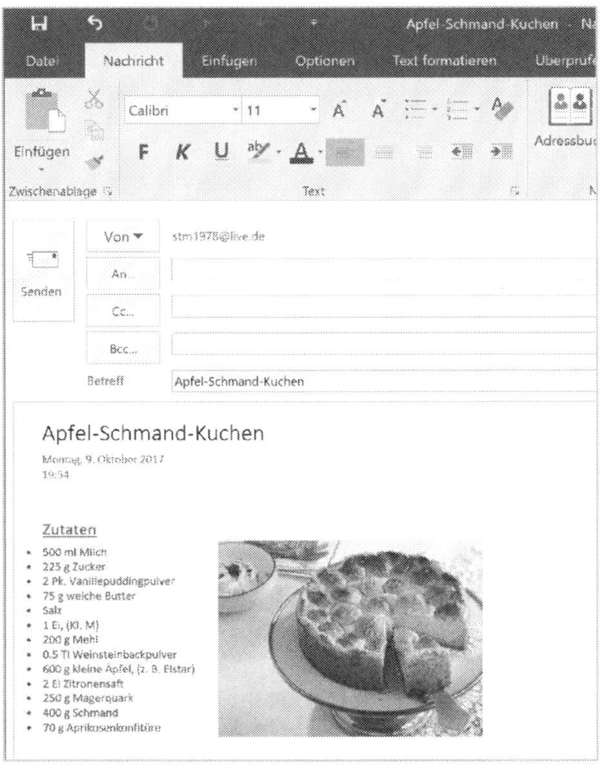

Abbildung 144: E-Mail aus OneNote in Outlook

Der Titel der *OneNote*-Seite wird dabei als Betreff der E-Mail verwendet. Bei Bedarf kannst Du die Angaben und auch den Inhalt der Nachricht vor dem Absenden noch anpassen. Nun musst Du nur noch die E-Mail-Adressen der gewünschten Empfänger eintragen. Wenn Du am Ende auf *„Senden"* klickst, landet die E-Mail mit dem Rezept umgehend im Postausgang.

WICHTIG: Deine Nachricht wird nur versendet, wenn *Microsoft Outlook* bzw. Deine E-Mail-Software geöffnet ist! Wenn Du das vergisst, bleibt die E-Mail bis zum nächsten Programmstart im Postausgang.

Ich nutze die Funktion *„Seite per E-Mail senden"* im Alltag sehr häufig, um Design-Skizzen, Gesprächsprotokolle oder Brainstorming-Notizen mit Kollegen zu teilen. Dir fallen aber sicher noch viele weitere Einsatzzwecke für diese praktische *OneNote*-Funktion ein.

Exportieren als PDF- oder *Word*-Datei

Text, Tabellen, Bilder: Du hast in diesem Buch bereits gelernt, wie Du *OneNote*-Notizbücher mit unterschiedlichen Inhalten füllen kannst. Du kannst Notizbücher jetzt auch mit anderen Nutzern teilen und gemeinsam darin arbeiten. Manchmal möchtest Du die Inhalte aber vielleicht noch anderweitig verwenden und bearbeiten oder an Personen weitergeben, die *OneNote* nicht nutzen. Die Desktop-Version von *OneNote* bietet Dir die Möglichkeit, einzelne Seiten, ganze Abschnitte oder ein komplettes Notizbuch in unterschiedliche Datei-Formate zu exportieren.

In diesem Artikel zeige ich Dir, wie einfach der Export aus *OneNote* funktioniert – zum Beispiel als PDF- oder *Word*-Datei.

PDF oder *Word*: Eigenschaften der Dateiformate

Die beiden wohl bekanntesten Dateiformate für Texte und Dokumente sind Dir sicher schon ein Begriff und in Deinem digitalen Leben untergekommen:

- Wer regelmäßig mit *Microsoft Word* arbeitet, erstellt meist Textdateien mit der Endung *.doc* bzw. dem neueren *.docx*. Der Vorteil: Diese Dateien kann man mit *Word* und nahezu jedem typischen Textverarbeitungs-Programm bearbeiten und beliebig verändern. Auch die kostenlose Büro-Software *OpenOffice* kann mit diesen Dateien umgehen. Es kann aber auch passieren, dass Dir das Layout des Dokuments je nach Gerät und Programm-Version anders angezeigt wird als geplant.

- PDF-Dokumente werden in der Regel an jedem Computer gleich angezeigt. Sie enthalten alle Angaben zum Layout. Deshalb sind die Dateien ein wenig größer als Word-Dateien. Dokumente, E-Books und sonstige Schriftstücke mit fester Gestaltung werden meist als PDF-Dateien ausgetauscht. Man kann sie auch nicht ohne Umstände bearbeiten.

Entscheide Dich also bereits vor dem Exportieren: Soll man den Inhalt noch flexibel bearbeiten können – oder willst Du ein Dokument mit einer festen Darstellung archivieren oder weitergeben?

OneNote-Export mit wenigen Mausklicks

Los geht's! Wechsle zuerst in *OneNote* zu der Seite oder zu dem Abschnitt, den Du exportieren möchtest – hier zum Beispiel ein Kochrezept für Kinder, das in unserem Online-Notizbuch für leckere Gerichte hinterlegt ist.

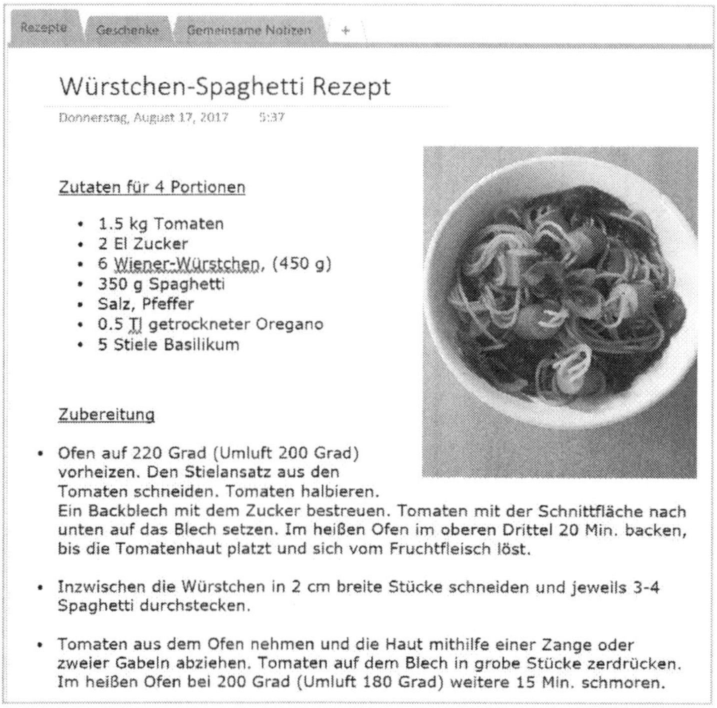

Abbildung 145: Rezept auf einer OneNote-Seite

Klicke nun in der Funktionsleiste oben erst auf *„Datei"* und dann auf *„Exportieren"*. Du kannst eine einzelne *OneNote*-Seite oder auch ganze Abschnitte in *Word*- oder PDF-Dateien umwandeln. Aus einem kompletten Notizbuch kannst Du übrigens nur eine PDF-Datei machen.

Wähle also im ersten Schritt links das zu exportierende Element aus und dann rechts das gewünschte Dateiformat. Klicke danach unten rechts auf *„Exportieren"*. Im letzten Schritt kannst Du im bekannten Explorer-Fenster von *Windows* den Speicherort und einen Dateinamen festlegen.

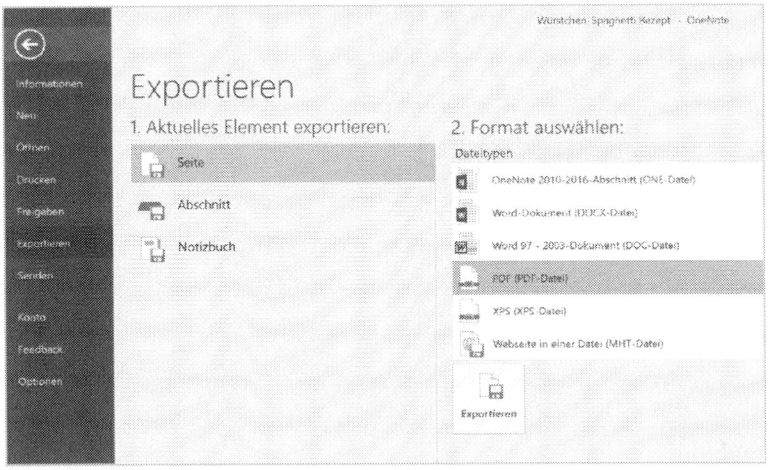

Abbildung 146: Exportieren aus OneNote 2016

Dann wird umgehend die neue Datei erstellt. Je nach Umfang der Inhalte kann das ein paar Sekunden oder wenige Minuten dauern. In jedem Fall solltest Du danach noch prüfen, ob *OneNote* Deine Notizbuch-Inhalte wie gewünscht exportiert hat.

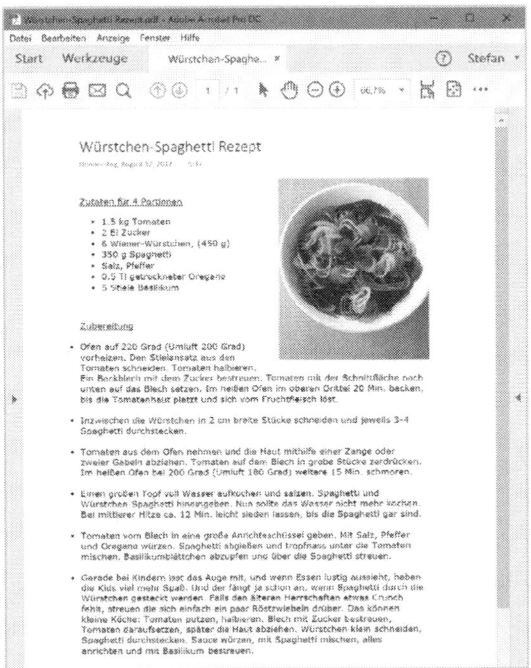

Abbildung 147: exportierte PDF-Datei in Adobe Acrobat

Öffne dazu die exportierte *Word*-Datei wie gewohnt in *Microsoft Word* bzw. die exportierte PDF-Datei in Deinem bevorzugten PDF-Reader (z. B. *Adobe Acrobat* oder im *Edge*-Browser von *Microsoft*).

Die Export-Funktion kann auch praktisch sein, wenn Du zum Beispiel ein *OneNote*-Notizbuch löschen und die Inhalte vorher vorsichtshalber archivieren möchtest.

Ich habe auf diesem Weg übrigens auch meine bislang veröffentlichten *OneNote*-Bücher vorbereitet: Ich habe alle Inhalte in einem Notizbuch mit mehreren Abschnitten erstellt und am Ende die gesammelten Kapitel als *Word*-Datei exportiert – die perfekte Grundlage, um sich dann „nur noch" um das Layout für den Druck kümmern zu müssen.

Drucken von *OneNote*-Seiten

OneNote steht für papierloses Arbeiten wie kaum eine andere Büro-Software. Wer Notizen und Unterlagen mit *OneNote* verwaltet, kann aufs Drucken oft komplett verzichten und so jede Menge Papier und Tinte sparen. In vielen Fällen genügt es heutzutage, Dokumente nur noch in digitaler Form aufzubewahren und bei Bedarf am PC-Bildschirm aufzurufen.

Vielleicht benötigst Du trotzdem mal einen Ausdruck Deiner gesammelten Notizen, zum Beispiel als Sicherheit auf Reisen oder für ein Hand-Out bei einem Seminar. Kein Problem: Du kannst *OneNote*-Seiten auch per Drucker zu Papier bringen – so wie Du es von anderen gängigen Programmen gewohnt bist. Welche Möglichkeiten Du beim Drucken aus *OneNote* heraus hast, erfährst Du in diesem Kapitel.

Einfacher Ausdruck von *OneNote*-Seiten

In der *OneNote*-App tippst Du zunächst auf die drei Punkte ganz oben rechts und findest dann im Menü direkt die Funktion *„Drucken"*.

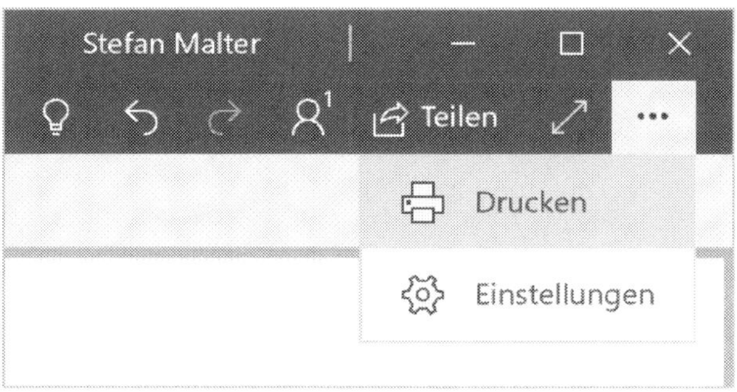

Abbildung 148: Drucken mit der OneNote-App

Für einen schnellen Ausdruck mit *OneNote 2016* klickst Du in der Funktionsleiste erst auf *„Datei"* und wählst dann im Menü links *„Drucken"* aus. In einem neuen Fenster kannst Du nun auswählen, ob Du nur die aktuelle Seite oder gleich mehrere Seiten auf einmal ausdrucken möchtest. Ändere also bei Bedarf die Angaben unter *„Seitenbereich"* links unten.

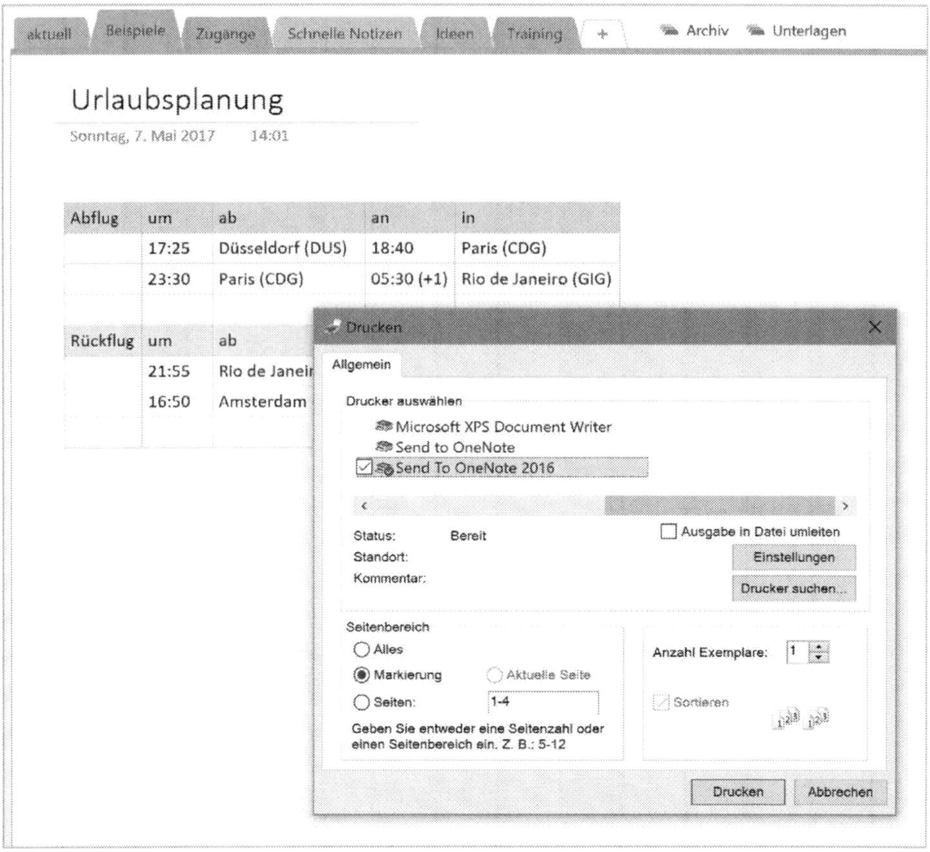

Abbildung 149: Drucken in OneNote 2016

Die weiteren verfügbaren Einstellungen hängen in der Regel auch von Deinem speziellen Drucker-Modell ab. Du solltest sie deshalb von anderen Aufgaben kennen und schon mit ihnen vertraut sein.

OneNote-Seiten anpassen und ausdrucken

Wenn Du im Menü *„Drucken"* der Desktop-Version erst auf *„Seitenansicht"* klickst, kannst Du den Ausdruck vorher noch weiter anpassen: Du kannst das Papierformat vorgeben, die Ausrichtung der Seite ändern oder die Angaben in der Fußzeile festlegen. Alle Änderungen kannst Du vorab auch im Fenster links begutachten.

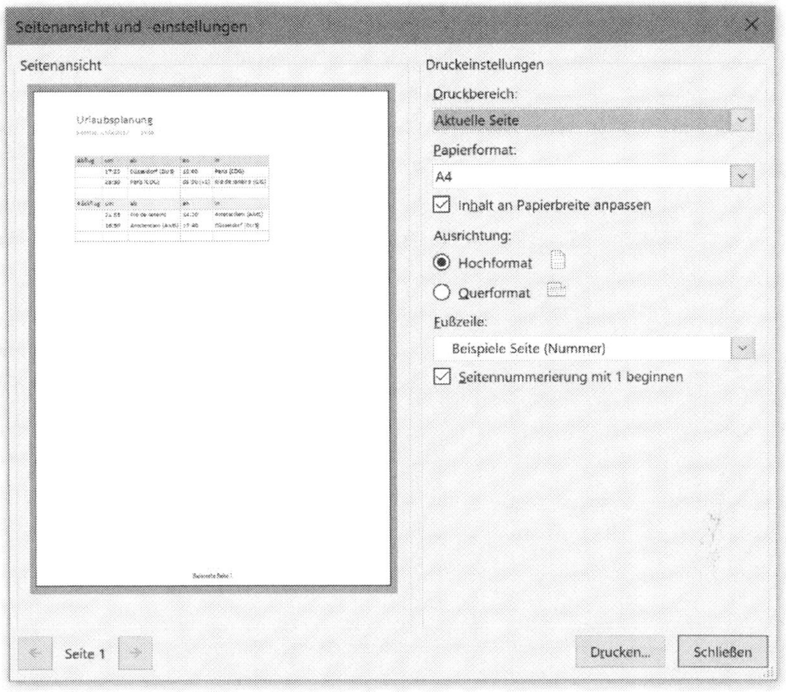

Abbildung 150: Seitenansicht beim Drucken

OneNote-Seiten müssen ja prinzipiell keine feste Begrenzung haben. Diese und weitere Eigenschaften habe ich Dir in einem früheren Kapitel nahegebracht. Beim Drucken kannst Du den Inhalt einer Seite deshalb an die Papierbreite anpassen (s. Screenshot). Wenn Du von Anfang an weißt, dass eine Seite später ausgedruckt werden soll, empfehle ich Dir, das Papierformat schon beim Erstellen der Seite in *OneNote* festzulegen. Das ist zum Beispiel bei Briefvorlagen oder Arbeitsblättern sinnvoll, die meist im DIN-A4-Format gebraucht werden.

Vielleicht möchtest Du aus einem bestimmten Grund noch mehr Einfluss auf das Layout des Ausdrucks haben. Dann kann es sinnvoll sein, die *OneNote*-Seiten zuerst als *Word*-Datei zu exportieren, sie dann in *Microsoft Word* entsprechend anzupassen und erst zum Schluss auf Papier auszudrucken.

Abschnittsgruppen und Unterseiten

Je voller Dein Notizbuch wird, desto größer wird auch Dein Bedürfnis nach mehr Ordnung. Mit Abschnitten und Seiten bist Du ja bereits vertraut. Sie bestimmen den grundsätzlichen Aufbau von Notizbüchern. Vielleicht reichen Dir diese Ebenen aber irgendwann nicht mehr aus, um Deine Inhalte übersichtlich zu sortieren.

Mit Abschnittsgruppen und Unterseiten sorgst Du für mehr Überblick im Notizbuch und kannst komplexere Ordnungsstrukturen abbilden. Wie Du diese Elemente sinnvoll einsetzt und wie sie sich unterscheiden, erkläre ich in diesem Kapitel.

Abschnittsgruppen in *OneNote*

Mit der Zeit wird die Liste der Abschnitte in Deinem *OneNote*-Notizbuch immer länger, so wie im folgenden Beispiel. Ich habe dafür ein Notizbuch erstellt, in dem ich sämtliche wichtige Rechnungen und dazugehörige Dokumente ablegen möchte. Die entsprechenden Abschnitte habe ich auch schon erstellt.

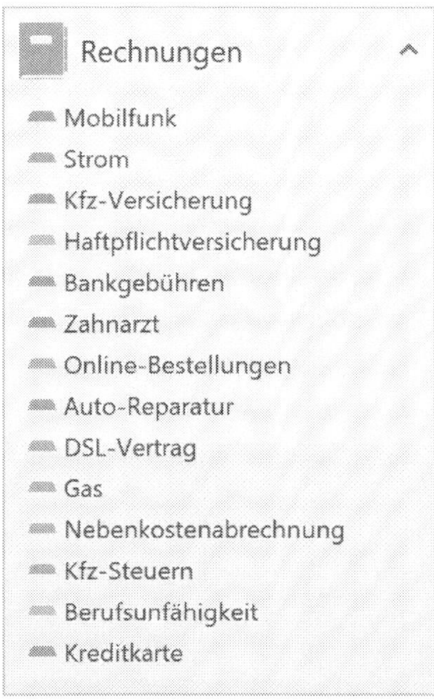

Abbildung 151: OneNote-Notizbuch mit vielen Abschnitten

Es wäre nun sinnvoll, Abschnitte mit ähnlichen Inhalten zu gruppieren, damit Du sie später schneller findest. Dafür sind Abschnittsgruppen hilfreich. So wie Du in *OneNote* neue Abschnitte hinzufügst, kannst Du auch eine neue Abschnittsgruppe erstellen. Tippe etwas länger oder klicke mit der rechten Maustaste auf eine freie Stelle in der Notizbuch-Spalte. Unter dem Eintrag *„Neuer Abschnitt"* findest Du die Funktion *„Neue Abschnittsgruppe"*.

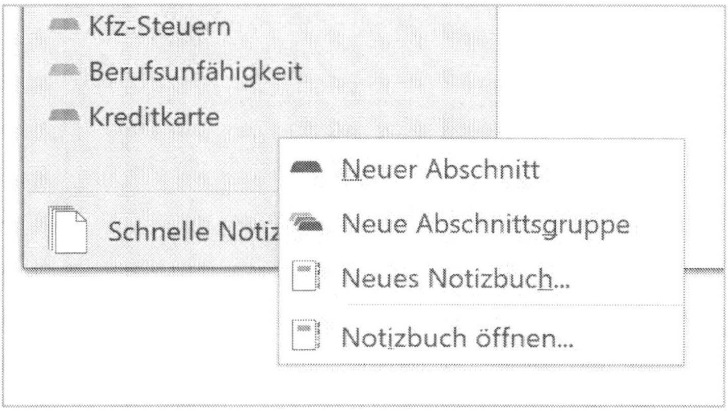

Abbildung 152: Neue Abschnittsgruppe erstellen

Der neue Knotenpunkt wird direkt unter den bereits bestehenden Abschnitten erstellt. Benenne die Abschnittsgruppe so um, wie Du auch Abschnitte und Seiten umbenennst (rechte Maustaste, *„Umbenennen"*). Nun kannst Du alle Abschnitte, die Du in dieser Abschnittsgruppe unterbringen willst, einfach nacheinander mit der Maus hineinziehen. In unserem Beispiel gruppiere ich so zuerst alle Abschnitte rund ums Thema *„Auto"*.

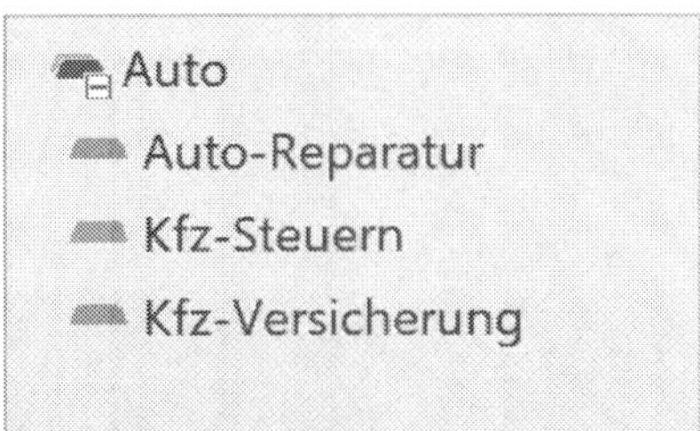

Abbildung 153: Abschnittsgruppe in OneNote

Du kannst alle Abschnittsgruppen auch nach Belieben ein- und ausklappen. Dank dieser Baumstruktur wird die gesamte Liste kürzer, und Du hast einen besseren Überblick über alle Inhalte in Deinem *OneNote*-Notizbuch. Klicke dazu einfach auf das kleine Plus- bzw. Minus-Symbol links neben dem Namen der entsprechenden Abschnittsgruppe.

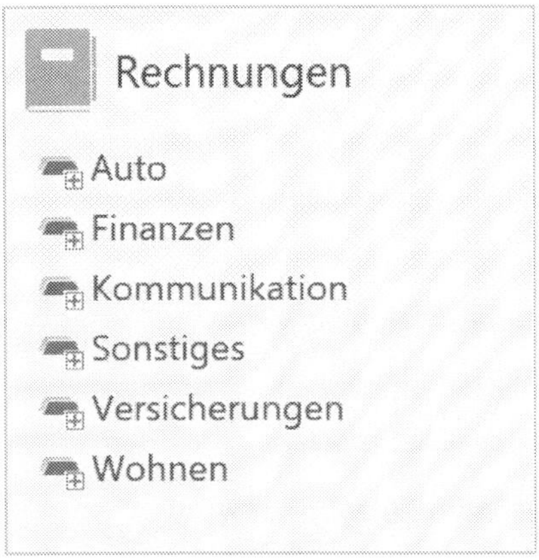

Abbildung 154: eingeklappte Abschnittsgruppen in OneNote

Übrigens: Abschnitte, die zu keiner Gruppe gehören, werden immer oberhalb der angelegten Abschnittsgruppen angezeigt. Außerdem werden Abschnittsgruppen immer alphabetisch sortiert. Eine andere Reihenfolge festzulegen ist bislang in *OneNote* nicht möglich.

Unterseiten in *OneNote*

Auch die vielen von Dir erstellten Seiten in der rechten Spalte können irgendwann unübersichtlich werden. Hier kannst Du Unterseiten festlegen, um eine weitere Hierarchie-Ebene in *OneNote* zu nutzen.

Manchmal können Unterseiten eine bessere Lösung sein als neue Abschnitte oder Abschnittsgruppen. Der wichtigste Unterschied und Vorteil: Anders als bei Abschnitten und Abschnittsgruppen kannst Du auf Seiten und Unterseiten auch Inhalte einfügen.

Du kannst aus einer *OneNote*-Seite ganz einfach eine Unterseite machen: Ziehe die Seite mit gedrückter linker Maustaste ein Stück nach rechts. Sie ordnet sich dann sofort der darüberliegenden Seite unter. In unserem Beispiel habe ich die Jahresabrechnungen für Strom und Gas unter die jeweiligen Verträge sortiert.

Abbildung 155: Unterseiten in OneNote

Alternativ kannst Du auch mit der rechten Maustauste auf die Seite klicken und die Funktion *„Als Unterseite verwenden"* auswählen. Wie bei den Abschnittsgruppen beschrieben lassen sich auch die Unterseiten bei Bedarf einklappen, um in der Übersicht Platz zu sparen und nur die wichtigsten Ebenen anzuzeigen. Klicke dazu einfach auf den kleinen Pfeil rechts neben der übergeordneten Seite.

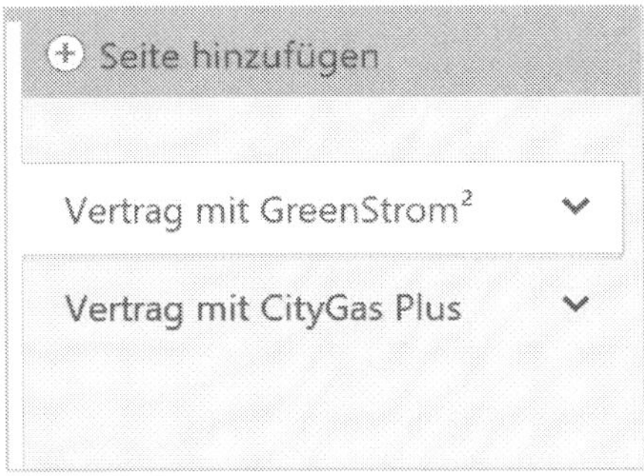

Abbildung 156: eingeklappte Unterseiten in OneNote

Neue Notizbücher für mehr Ordnung

Ich möchte an dieser Stelle noch einen persönlichen Erfahrungswert mit Dir teilen: Als *OneNote*-Neuling versucht man oft, unendlich viele Inhalte in einem einzigen Notizbuch unterzubringen. So wird die Struktur des Notizbuchs zwangsläufig immer unübersichtlicher – selbst wenn Du Abschnittsgruppen, Abschnitte, Seiten und Unterseiten für mehr Ordnung nutzt.

Manchmal kann es deshalb sinnvoller sein, für bestimmte Themen einfach neue Notizbücher zu erstellen. Du musst sie in *OneNote* ja nicht dauerhaft geöffnet lassen. Du kannst Notizbücher vorübergehend schließen, wenn Du sie aktuell nicht brauchst. Sie bleiben am jeweiligen Speicherort vorhanden – egal ob auf der Festplatte oder in der Cloud. Bei Bedarf kannst Du die Notizbücher von dort aus jederzeit wieder öffnen und nutzen.

Und: Wenn Du ein *OneNote*-Notizbuch irgendwann gar nicht mehr benötigst, kannst Du die Inhalte als PDF-Datei oder in ein anderes Dateiformat exportieren – oder das komplette *OneNote*-Notizbuch dauerhaft löschen. Wie das Schließen und Löschen funktioniert, erfährst Du im nächsten Kapitel noch genauer.

OneNote-Notizbücher schließen und löschen

Wenn Du *OneNote* für verschiedene Zwecke nutzt, wird die Liste der Notizbücher mit der Zeit immer länger und unübersichtlich. Wenn Notizbücher in der App bzw. in der Desktop-Oberfläche angezeigt werden, gelten sie in *OneNote* als „geöffnet“ und stehen beim Start des Programms für die Bearbeitung zur Verfügung.

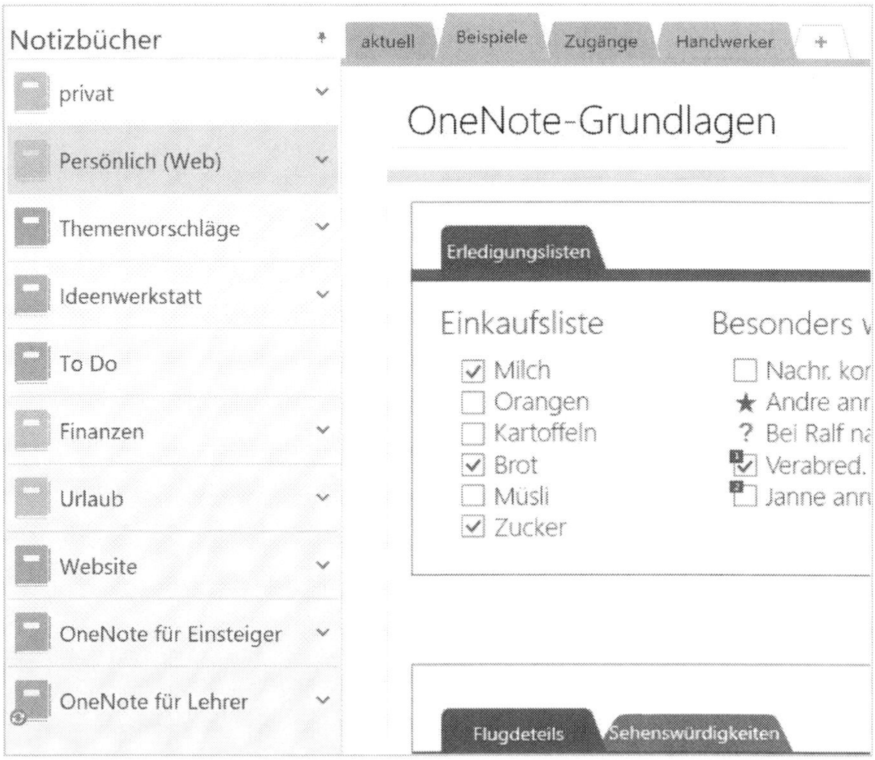

Abbildung 157: Liste geöffnete Notizbücher in OneNote

Vielleicht hast Du ein Notizbuch nur zum Testen erstellt und möchtest es nun loswerden. Vielleicht hast Du ein Projekt mittlerweile abgeschlossen und brauchst deshalb das dazugehörige Notizbuch nicht mehr. Vielleicht ordnest Du Deine Unterlagen in *OneNote* insgesamt neu und willst ein überflüssiges Notizbuch aus dem Programm entfernen.

In diesem Kapitel erfährst Du, wie man *OneNote*-Notizbücher ausmistet und endgültig löscht – vom Computer, von der externen Festplatte oder aus der Cloud. Zur Erinnerung: Du kannst ein *OneNote*-Notizbuch vor dem Löschen sichern, indem Du die Inhalte exportierst, zum Beispiel als PDF- oder *Word*-Datei.

OneNote-Notizbücher schließen

So wie Du Notizbücher in *OneNote* geöffnet hältst, kannst Du einzelne Notizbücher auch einfach schließen. Sie werden dann aus der Liste in der linken Spalte entfernt und werden in der jeweiligen Programm-Version nicht mehr synchronisiert. Klicke dazu mit der rechten Maustaste auf eines der Notizbücher und wähle die Option *„Notizbuch schließen"* aus. Nach wenigen Sekunden wird es in der Liste nicht mehr angezeigt.

Bitte beachte den Unterschied zwischen dem Schließen und dem Löschen: Beim Schließen werden Notizbücher nur aus der Programm-Oberfläche von *OneNote* entfernt. Sie sind weiterhin an ihrem ursprünglichen Speicherort vorhanden – auf der Festplatte, im Netzwerk oder in der Cloud-Lösung *OneDrive*. Du kannst sie also von dort aus jederzeit wieder in *OneNote* öffnen, synchronisieren und dann erneut nutzen und bearbeiten.

OneNote-Notizbücher komplett löschen

Doch wie kann man ein *OneNote*-Notizbuch dauerhaft löschen? Das ist die wohl häufigste Frage, die mich als Buch- und Blog-Autor erreicht. Leider ist das Löschen von Notizbüchern nämlich gar nicht so einfach und vor allem für Einsteiger erklärungsbedürftig. Weder in der *OneNote*-App noch in der Desktop-Version gibt es dafür eine Funktion. Das klappt nur am jeweiligen Speicherort und ist deshalb leider ein bisschen umständlicher.

Zunächst kommt es darauf an, wo das Notizbuch gespeichert ist, also lokal auf einer Festplatte (nur in *OneNote 2016*) oder in der *Microsoft*-Cloud *OneDrive*. Wenn Du Dir nicht sicher bist, kannst Du den Speicherort in *OneNote 2016* herausfinden: Klicke dazu links oben auf *„Datei"* und lies den genauen Ordnerpfad in den Notizbuchinformationen ab.

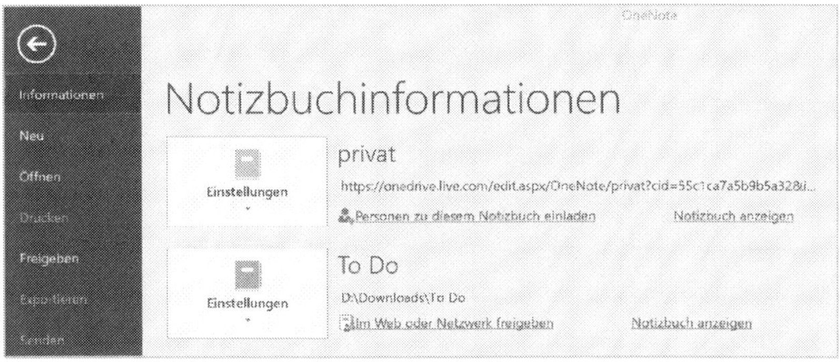

Abbildung 158: Speicherort in den Notizbuchinformationen ermitteln

Dann solltest Du zuerst das zu löschende Notizbuch in *OneNote* schließen – wie bereits oben beschrieben.

Wenn das Notizbuch auf Deinem PC, einer Netzwerkfestplatte oder einem anderen lokalen Datenträger gespeichert ist, kannst Du danach einfach den angezeigten Ordnerpfad im *Windows*-Explorer suchen und die *OneNote*-Datei(en) aus dem dortigen Ordner löschen – so wie alle anderen Dateien sonst auch.

Auch Notizbücher in der *Microsoft*-Cloud kannst Du nur am Speicherort selbst löschen. Deshalb musst Du auch direkt in Dein *OneDrive* wechseln. Gib also im Internet-Browser die Web-Adresse ein und melde Dich dort mit Deinem persönlichen Benutzerkonto an.

- ✓ *OneDrive*: **https://onedrive.com**

Wenn Du sie nicht verschoben hast, findest Du alle bislang erstellten *OneNote*-Notizbücher in der Regel im Ordner *„Dokumente“*. Sie werden natürlich auch angezeigt, wenn Du nach ihnen suchst.

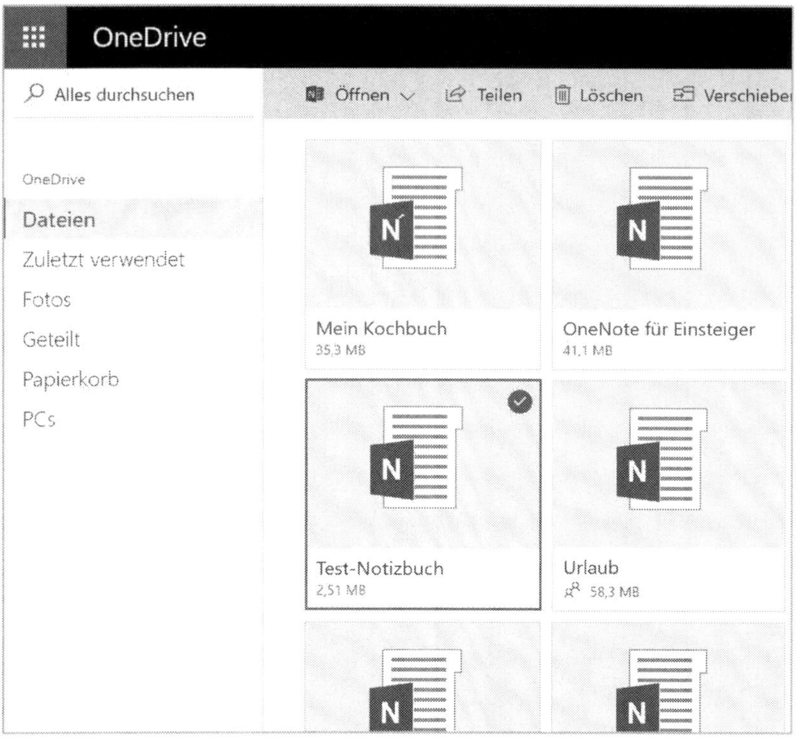

Abbildung 159: OneNote-Notizbücher in der Microsoft-Cloud OneDrive

Hier kannst Du jetzt ein oder mehrere Notizbücher auswählen und dann auf das Feld *„Löschen"* im Menü oben klicken. Sofort landet das ausgewählte Notizbuch im Papierkorb und kann nicht mehr in *OneNote* geöffnet werden.

Bitte denke daran: Endgültig gelöschte Inhalte sind für immer verloren – auch in Deinem *OneDrive*. Im Zweifel empfehle ich Dir an dieser Stelle noch einmal, vorher eine Sicherheitskopie zu erstellen oder die Inhalte zu exportieren, damit Du das Löschen später nicht bereust.

Shortcuts in *OneNote*

Bei der Bedienung von Computer-Software gibt es zwei Lager: Die einen machen alles mit der Maus oder mit einem Grafiktablett. Sie klicken und ziehen und kommen händisch ans Ziel. Dank Stiftbedienung funktioniert das in *Windows 10* und vielen PC-Programmen ganz intuitiv.

Die anderen schwören auf Tastenkürzel – also sogenannte *„Shortcuts“*. Wer bestimmte Tastenkombinationen kennt und einsetzt, kann viel Zeit sparen. Ein Tastendruck auf der PC-Tastatur ist meist schneller gemacht als die Navigation mit der Computer-Maus durch diverse Menüs.

Eine Auswahl der wichtigsten *Shortcuts* für *OneNote* habe ich in diesem letzten Kapitel für Dich zusammengestellt. Einige Tastaturkürzel kennst Du vielleicht auch schon aus anderen PC-Programmen. Du wirst beim Ausprobieren in *OneNote* schnell selbst feststellen, welche dieser *Shortcuts* Dich bei der Bedienung im Alltag schneller ans Ziel bringen.

Bei den *Shortcuts* wirst Du immer wieder die Tasten *„Strg“* (Steuerung), *„Alt“* und *„Shift“* (Umschalt) brauchen. Meistens musst Du sie gleichzeitig mit einem Buchstaben oder einer anderen Taste auf Deiner Tastatur drücken – wie in den folgenden Tabellen angegeben.

Shortcuts für die Navigation in *OneNote*

Tastenkürzel	**Aktion**
Strg + O	*OneNote*-Notizbuch öffnen
Strg + N	neue Seite in *OneNote* erstellen
Strg + T	neuen Abschnitt in *OneNote* erstellen
Strg + Bild ab	zur nächsten Seite im aktuellen Abschnitt wechseln
Strg + Bild auf	zur vorherigen Seite im aktuellen Abschnitt wechseln
Alt + Pos1	zur ersten Seite im aktuellen Abschnitt springen
Alt + Ende	zur letzten Seite im aktuellen Abschnitt springen
Alt + Links	zur zuletzt besuchten Seite springen
Alt + Rechts	zur danach besuchten Seite springen
Strg + Tab	zum nächsten Abschnitt wechseln
Strg + Shift + Tab	zum vorherigen Abschnitt wechseln
Strg + Alt + M	aktuelle Seite verschieben

Shortcuts für das Bearbeiten von Inhalten in *OneNote*

Tastenkürzel	**Aktion**
Strg + A	alle Inhalte auf der Seite markieren (ggf. mehrfach drücken)
Strg + X	markierten Inhalt ausschneiden
Strg + C	markierten Inhalt kopieren
Strg + V	markierten Inhalt einfügen
Strg + Z	vorherige Aktion rückgängig machen („*undo*“)
Strg + Y	vorherige Aktion wiederholen („*redo*“)
Alt + Shift + D	aktuelles Datum einfügen
Alt + Shift + T	aktuelle Uhrzeit einfügen
Alt + Shift + F	Datum und Uhrzeit einfügen
Tab	Tabelle mit neuer Spalte erstellen
Strg + Enter	neue Zeile in Tabelle erstellen

Shortcuts für weitere Funktionen in *OneNote*

Tastenkürzel	**Aktion**
F7	Rechtschreibung auf der aktuellen Seite prüfen
Shift + F7	Thesaurus prüfen (Synonym-Wörterbuch)
F9	alle geöffneten Notizbücher in *OneNote* synchronisieren
F11	ganze Seite anzeigen
Strg + E	alle Notizbücher in *OneNote* durchsuchen
Strg + F	aktuelle Seite durchsuchen
Strg + Q	aktuelle Seite als ungelesen anzeigen
Strg + Shift + R	Hilfslinien auf der aktuellen Seite anzeigen
Strg + Shift + T	aktuellen Seitentitel anzeigen
Strg + P	(aktuelle) Seite drucken
Strg + Shift + E	aktuelle Seite per E-Mail senden

OneNoteDE – die Online-Community

Dieses Handbuch für Einsteiger ist erst der Anfang. Viele weitere Tipps und Ideen findest Du in meinen Blogs und Büchern sowie in den Sozialen Netzwerken. Wenn Dir dieses Buch gefallen hat, dann freue ich mich auch sehr über Deine Rezension auf *Amazon.de*. Vielen Dank im Voraus!

Blogs und Bücher

- ✓ *OneNote für Einsteiger*:
  https://onenote-fuer-einsteiger.de

- ✓ *OneNote für Lehrer*:
  http://onenote-fuer-lehrer.de

- ✓ *OneNote für Journalisten*:
  https://onenote-fuer-journalisten.de

Social Media

- ✓ *OneNoteDE* bei *Facebook*:
  https://www.facebook.com/OneNoteDE

- ✓ *OneNoteDE bei Instagram*:
  https://www.instagram.com/OneNoteDE

- ✓ *OneNoteDE* bei *Twitter*:
  https://twitter.com/OneNoteDE

Vielen Dank!

Dafür muss hier noch Platz sein: Ich möchte mich ganz herzlich bei den zehn ausgewählten Test-Lesern aus meiner *OneNoteDE*-Community bedanken. Sie haben sich aus freien Stücken die Zeit genommen, das vorläufige Manuskript zu prüfen, Tippfehler zu korrigieren und logische Brüche aufzuspüren. Sie haben dieses Buch mit ihren vielen Tipps und Vorschlägen besser gemacht und veredelt. Dafür bin ich ihnen sehr dankbar!

- Tobias Hufnagel aus Sulzbach-Rosenberg
- Steffen Jauch aus Braunschweig
- Michael Jeschke aus Flomersheim
- Daniel Krok aus Gießen
- Sandra Langer aus Augustusburg
- Roland Mett aus Berlin
- Nic Scharlau aus Rostock
- Tobias Scholze aus Augsburg
- Jens Schwarzfeld aus Magdeburg
- Ferdinand Stipberger aus Regensburg

Printed in Poland
by Amazon Fulfillment
Poland Sp. z o.o., Wrocław

84462566R00103